前言

FOREWORD

2017 年 6 月，一轮新媒体地震发生，无数自媒体大 V 纷纷被关停、暂时封禁。这不禁让人想问：自媒体之路还走得通吗？2017 年 7 月，社会化营销界还提出看法：双微已死，全平台社会化营销才有出路。

“小马宋”“三表龙门阵”“小道消息”等 KOL（Key Opinion Leader，即关键意见领袖）纷纷提及自媒体尤其是微信公众号这一段时期的一些普遍现象：①阅读量持续下滑，发出的文章很难触及新用户，即使触及了也很难得到以前的转化率；②粉丝沉寂，难以盘活：不取关，也不查看消息，与自媒体完全失联；③粉丝获取难度加大，自媒体越来越多，竞争越来越激烈，相对的，内容同质化程度也越来越高。

2017 年 7 月的最后一天，为了迎击“今日头条”的进攻，微博一个闷棍打懵了营销公司和大 V 们，微博热搜、热门排行榜这两个功能被削弱，入口隐藏——这意味着在微博上，还处于造势阶段的自媒体，可能会失去在非粉丝群体面前大量曝光的机会。

许多从业者纷纷声称，自媒体生存状态越来越难。

一、这只是下半场，并非寒冬

其实，远在 2013 年微博自媒体生态势微时，就已经有人如此唱衰：“自媒体不行了，别做这行了。”然而年年唱衰，年年走势上升。时间过去了 4 年，自媒体行业并非就此陨落，只是随着不同平台的发展壮大，每个平台从蛮荒开始走向精细化运营，行业越来越成熟，生态也越来越多样化。自媒体从业者将迎来的是自媒体的下半场，而非寒冬。

下面这张自媒体发展史图完完整整地说明了目前的情况：自媒体下半场到了，平台会越来越多，掌握生产能力的从业人员会有越来越好的机会。

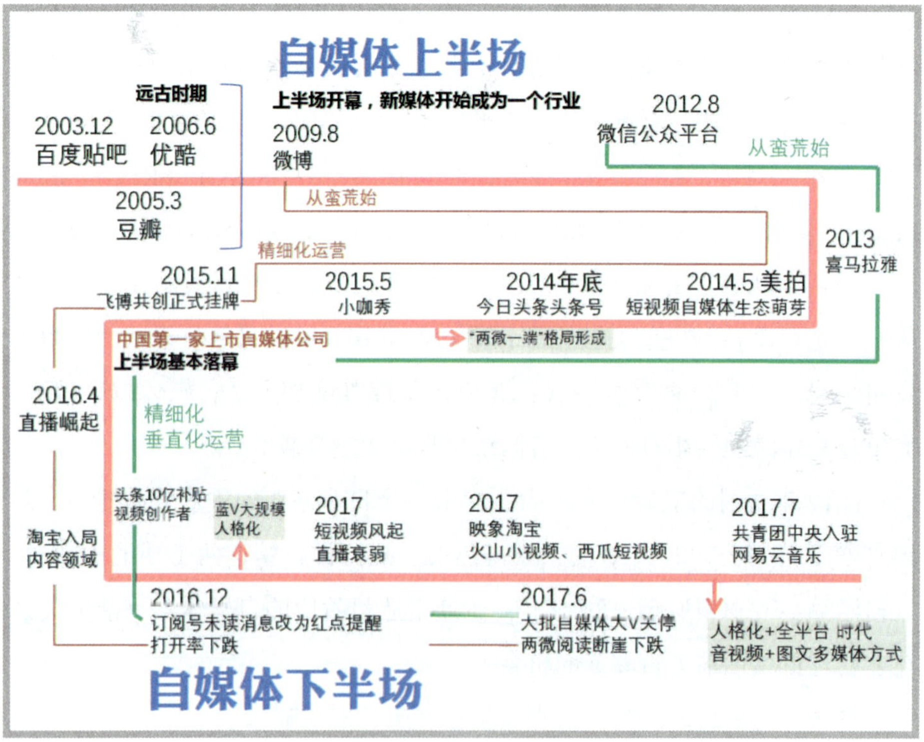

而下半场的形势是：人格化，全平台运营，通过多媒体形式即音频、视频和图文相结合，丰满人格。

二、下半场的本质：用人格留人群

早在2015年2月，知名段子手“留几手”在《骗粉大法》中就对这个趋势做出了解释：“做自媒体的过程，就是个人性格的塑造。为什么大家都不喜欢企业蓝V？就因为蓝V没有人格。”而“罗辑思维”“凯叔说故事”“Papi酱”“意外艺术”等人格驱动的自媒体不断长远发展，也验证了这一问题：自媒体的本质是建立好感——加强好感——传播好感的全过程，其核心本质和门槛就在于人设，即人格的设定，如下图所示。

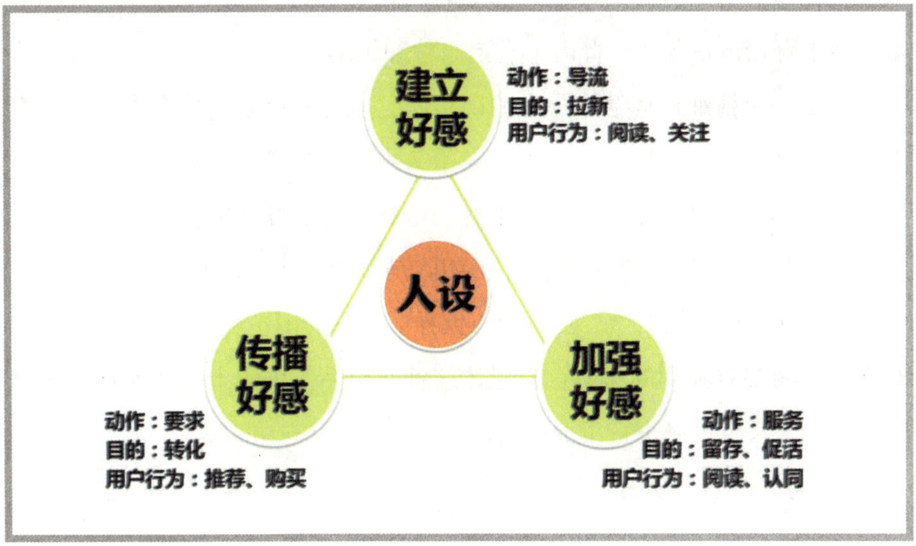

只有清晰的人设，才能在下半场竞争中存活、发展。较为成功的自媒体团队，内容和流量（发行、涨粉）两不误。内容不行，没有留存；流量

(发行、涨粉) 不行，做不大，没人看，也没有商业价值。

三、下半场的困难：高成本、无法复制

由于是国内第一批进行传统媒体转型的开拓者之一，同时又在“飞博共创”（中国第一家自媒体上市公司）担任过高管，我经常被邀请至各企业、行业讲课，也常给一些企业的新媒体、新传播把脉。这个时候，我总能接触到一些相同的疑问：普通人想逆袭，有没有实操手册？口口声声说企业也能做自媒体，能自己替自己发声，但为什么都没有人看？传统媒体想转型，团队如何建设，如何运营？

每一次，我都会告诉大家，下半场遭遇的实际困难有两个：

一是从自媒体发展史来看，一个平台从蛮荒到精细化运营的时间越来越短，这也意味着，在下半场除非原先团队非常强、动作非常快，要不然很难抢下野蛮流量先机，此时唯有走向精细化运营。

第二，在精细化运营中最大的困难是，本身就有强人格魅力、强生产力的运营者不好找。比如说，如果你手头没有“罗胖”“Papi 酱”“意公子”这样的人，是不是就无法做出有人格魅力的自媒体呢？而且也无法复制，如果开始时有，后来他离开了，团队是否会因此崩盘？

类似“飞博共创”“二更”“小世界”这种集团军作战的自媒体团队，对解决方案都有独到的见解：自媒体这种非标品，事实上存在着标准化运营方法论，甚至可以进行工业化输出。

四、下半场的玩家：上半场领跑者的沉淀

回溯 2009 年，“冷笑话精选”刚刚在微博上崭露头角，在许多科班媒体人、精英分子眼里，运营几个讲讲笑话、聊聊星座的账号，似乎既无技

术含量，又无人文情怀。但是，随着“冷笑话精选”及其账号群的成长，2015 年 11 月，其母公司登陆新三板，给精英人群敲醒了警钟——世界在发生剧变，许多你看不起的东西，也许只是因为你看不懂。

非常有幸的是，我在这家国内第一家自媒体公司，也是首家因自媒体而上市的公司中，待过不短的时间，与 CEO 伊光旭先生、联合创始人蔡来飞先生并肩作战，带领团队开发产品。无数次讨论争执的会议，无数个纠结难眠的深夜……没有人比我们更清楚：“自媒体看起来准入门槛低，但要做好做大，你不仅仅需要努力，还要有深刻的洞察力、雷霆的执行力、清晰的商业逻辑、感性的情怀坚持，缺一不可。同时，还必须要有自己的独家秘诀！”而这个体会，在与蔡来飞先生共同创办“果肉科技”后，感受更加深刻。

于是，我有了一个想法，把自己十多年的新旧传媒经验以及近几年来实操过的企业自媒体体系案例，进行彻底地整理、方法论拆解，给大家提供一本真正的自媒体团队运营实操手册，从组队、开会、分析到创造，每一个步骤都进行详细地拆分，毫无保留地将实操方法提供给大家。

五、下半场的“工业化”：7 天人设冲刺

这本书的核心内容即是我们多年来总结的快速迭代方法，这种方法以自媒体的人格化运营为切入点，在 7 天之内快速建立自媒体整体定位，拆解所面对人群的痛点及需求全链条，进一步设计自媒体的风格、功能、服务范围。对于自媒体团队来说，这个方法实现了标准化团队运营管理、工业化内容生产。

我给它取了个名字，叫“自媒体 7 天人设冲刺”。因“7 天人设冲刺”受益的，自媒体方有“星座秘语”“创意铺子”“全球时尚”，等等。“星座秘语”尤为典型，为实现商业化变现，采用“7 天人设冲刺”后，日流水额一度高达 20 万元人民币。

而受益于“7 天人设冲刺”的企业方，几乎都是大胆尝试、开拓创新的上市企业、央企以及所在行业的顶尖企业。不仅有“福布斯中国潜力榜”前 100 名的“盈趣科技”、上市公司旗下的联合办公项目，还有意图进化到篮球领域领袖的某篮球电商品牌，其用“7 天人设冲刺”快速迭代，仅仅用了 4 个月时间，就从建立公众号进化到坐拥 10 万粉丝的状态。

可以说，无论你是自营自媒体还是从事企业自媒体代运营，这套方法论对你都极为实用：一来，用户会快速记住你的变化；二来，能快速出成果，领导或甲方肉眼可见你的工作成效；三来，借用人设冲刺，你能建立自媒体运营体系的标准化管理。

不过，一开始，如果你是第一次采用“7 天人设冲刺”方法论，有可能在第一次的 7 天内无法完成冲刺，别灰心，这很正常。我们行业内较为顶尖的编辑运营，在第一次尝试 7 天人设冲刺时，也是险些超时。当你的团队熟悉了这个方法论后，速度会不断提升。注意！即便在既定时间内无法完成冲刺，也不允许为了赶时间跳过其中的某一步骤，切记切记！

值得说明的是，为了让读者快速掌握自媒体运营本质，本书内附六个二维码视频，读者可在相应处扫码观看由笔者亲自主持的点对点指导视频，共计 40 余分钟，让阅读更轻松、学习更高效，希望能助力自媒体团队 7 天快速冲刺，让运营脱胎换骨。

视频 1　自媒体本质与人设冲刺的原理

扫码看视频，让作者告诉你自媒体的本质以及下半场的玩法

目 录
CONTENTS

绪　基础搭建：何谓 7 天人设冲刺？应该怎么开始？

7 天人设冲刺，并非一个独立的数据调研或策划案，尤其在企业中，牵涉各部门业务及需求，因此在启动 7 天人设冲刺时，首先需要认清目标，一是此自媒体运营的使命和任务，二是在整体商业逻辑中，自媒体的重要性占比多少；其次，认清现状，将目前自媒体存在的问题具体地列出来；第三，你需要组织一个小型团队，一起攻破这个 7 天人设冲刺；第四，还需要准备一个良好愉悦的封闭环境、几种随手可取的工具，以便高效完成 7 天人设冲刺。

CHAPTER 1　周一：清理日

7 天人设冲刺，选用的是完整的一周。所以，我们不妨从周一开始。今天要做的是，从结果出发，早上重新梳理一下共同的长期目标、冲刺要解决的短期目标，以便大家达成一致。同时，设定好会议的规则以及会议专用的 "暗号词语"，列出今天要具体解决的问题及问题的执行路径。下午画出目前的运营数据现状图，从全平台收集清理目标用户数据，包括但不限于：指数类型数据、普通数据、活动数据、访谈类数据、观察类数据等。

CHAPTER 2 周二：画像日

7天人设冲刺进入第二天。经过周一的“清理日”，今天要进入“画像日”。我们必须清楚的是，这一次的画像只能是模糊的画像，就像谈恋爱一样，不知道自己要与谁谈恋爱，只知道哪一类人可能是我的“菜”，哪一类人一定不是我的“菜”。从“清理日”的数据中，能拼出的有性别比例、大概年龄层、星座比例、喜好、行为惯性等；另外，还要注意，用户层级分为粉丝用户、目标用户、普遍用户，要根据不同的用户层级，为他们打造不同的服务。

CHAPTE 3 周三：做媒日

今天相对会轻松一些，既是“做媒日”，又是“缓冲日”。如果前一天有一些工作没有完成，可以安排在今天早上做完；或者担心后天的设计工作繁重，可以将明天的工作提早到今天下午启动。我们的建议是后者。今天，你需要不断地翻阅昨天的数据推理情况，如同帮你最好的朋友做媒一样，把昨天画出的用户会爱上的那个人，一五一十地“画”出来，包括他的样貌、星座、口头禅、爱好、三观……甚至身高、体重全拟出来。

CHAPTER 4　周四：决策日

今天，有一个好消息，有一个坏消息，你要先听哪一个？好消息是，经过昨天的头脑风暴，大家的妙手缔造了一批“梦中情人”，鼓掌贺喜，这是一个巨大的进步；坏消息是，今天是杀伐决断的日子，大家要带着自己设计的“梦中情人”与同僚残酷地PK。今天还有一项任务，就是为PK获胜的人设开始详细地规划设计心、骨、皮，这项较为繁重的设计工作将会延续到明天一整天。

CHAPTER 5　周五：设计日

“设计日”是工作比较繁重的一天，所有的事情都必须快速推进。今天要做的是心、骨、皮的设计，所有的要点在昨天已经厘清。今天要合理安排输出的时间顺序，统筹安排每个人的节奏，以免出现有人忙得抽筋、有人闲得要死的状况。

CHAPTER 6 周六：执行日

经过5天艰苦卓绝的努力，尤其是昨天的冲刺设计，我们的自媒体运营体系基本成型。为了避免拍脑袋决策，今天会是一个简单的执行测试日。经过简单的内容制作，展开分场景测试；同时，我们还可以通过拉红包群、找兄弟公司互推、购买渠道等方式进行分发。

CHAPTER 7 周日：复盘日

7天人设冲刺终于到了最后一天。今天将对昨天投放的数据进行回收、总结、分析、复盘，从而定下最终的执行方案。

总结 不完美是一定的，未来要快速迭代

附录

视频目录

绪

基础搭建：何谓 7 天人设冲刺？应该怎么开始？

7 天人设冲刺，并非一个独立的数据调研或策划案，尤其在企业中，牵涉各部门业务及需求，因此在启动 7 天人设冲刺时，首先需要认清目标，一是此自媒体运营的使命和任务，二是在整体商业逻辑中，自媒体的重要性占比多少；其次，认清现状，将目前自媒体存在的问题具体地列出来；第三，你需要组织一个小型团队，一起攻破这个 7 天人设冲刺；第四，还需要准备一个良好愉悦的封闭环境、几种随手可取的工具，以便高效完成 7 天人设冲刺。

第一节　自媒体的第一性原理：人设运营说

互联网圈子近来特别盛行第一性原理，源于特斯拉创始人马斯克，回归事物本质原理，建立基石假设，从而得到方法论。

7 天人设冲刺，也是自媒体运营第一性原理“人设运营说”中的方法论，如下图所示。

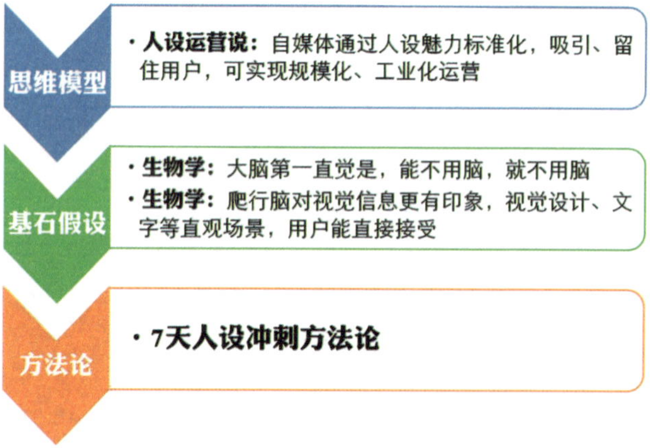

一、7 天人设冲刺，到底是什么？

人设，原为动漫的专业用词，指人物形象设定，负责设计登场角色的人物造型、身材比例、服装样式、不同的眼神以及表情，并表示出角色的外貌特征、个性特点等，如下图所示。

人设是将信息、观点可视化的手段，7 天人设冲刺这一方法论包括几个要点：

1. 它是自媒体人格化运营的**快速执行方法论**，以满足用户痛点、痒点为目标，以**建设运营团队工作标准化模板**为结果；

2. 必须通过大量的数据分析，拆解用户属性地图，摸透其需求全链条；

3. 在 7 天内，快速地设计出用户真正会热爱、喜欢的人格，快速建立自媒体整体定位；

4. 人设必须要具备以下几大元素：姓名、年龄、星座、性格、三观以及一张人物图片；

5. 事实上，人设是自媒体 IP 化的雏形和基础。

二、谁尝到了 7 天人设冲刺的甜头？

早年间的一些自媒体大号，如“星座秘语”“创意铺子”“美食工场”等各种大号通过人设冲刺，快速实现了转型。尤其是星座秘语，在此前，“星座秘语”的项目，处于粗放式经营、内容输出靠整合、谁值班谁话事的阶段。虽然微博微信双平台拥有近千万粉丝，然而有粘度无信任度，面临变现瓶颈。

经过 7 天人设冲刺，设定“星婆”人设，并根据人设开启星座月运、双人合盘、桃花聚缘分三大功能，成功为电商导流，日流水 20 万人民币。

如果你没有用户基础，试下 7 天人设冲刺，也会有惊喜的。比如，“准者篮球训练营”。

从名字上大家就可以看出，这是一个带有极强商家品牌命名的账号，从某种程度上来说，这类账号很有可能淹没在浩如烟海的自媒体中，无人问津，更不用提给企业带来效益。

在经过 7 天人设冲刺的团队训练后，经过 4 个月不断进行人设冲刺与迭代，“准者篮球训练营”获得了精准的 10 万粉丝，冲到了篮球垂直领域自媒体的前 5 名。如下图所示。

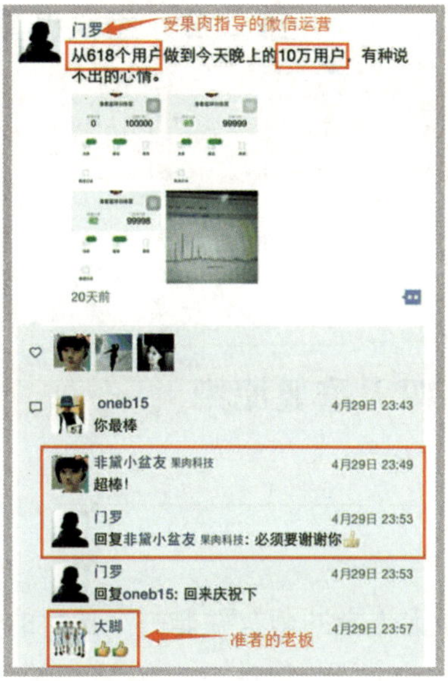

值得一提的是，“准者篮球训练营”背后的老板是准者品牌的创始人“大脚”，原 CBA 明星球员。原先的运营团队有着明显的电商基因，面对自媒体相对没有经验，即没有用好自己的明星效应，又没有体现企业的服务。

而 7 天人设冲刺后的“准者老爹”人设，很好地利用了大脚的明星效应，却又独立于他之外，诞生了企业的另一个有价值的 IP。

第二节　组队开黑：建立 7 人团队

一、四大重要原则

7 天人设冲刺，并非一个独立的数据调研或策划案，尤其在企业中，牵涉各部门业务及需求，因此在启动 7 天人设冲刺时，首先需要认清目标，一是此自媒体运营的使命和任务，二是在整体商业逻辑中，自媒体的重要性占比多少；其次，认清现状，将目前自媒体存在的问题具体地列出来；第三，你需要组织一个小型团队，一起攻破这个 7 天人设冲刺；第四，还需要准备一个良好愉悦的封闭环境、几种随手可取的工具，以便高效完成 7 天人设冲刺。

视频 2　如何判断企业自媒体的战略定位

扫码看视频，获取企业自媒体定位地图

最后，特别提醒，如果你的团队是第一次做 7 天人设冲刺，不一定能在7天之内完成，时间可以延长，但是步骤不可跳过。经过反复的定期训练，最后有的团队可能在4天之内就能完成一次人设冲刺。

7天人设冲刺，不是仅仅靠一个人就能完成的事情，也不是可以独立于整体商业运营外的事件，我更希望，读本书的人是自媒体项目的负责人、管理人，这样，你就有更强的整体方法论去带领团队完成；但如果读本书的你，是自媒体的一线运营人员，建议你读完后，将整理好的方法论找你的Leader讨论，如何组队来实现。

那么，在真正开始之前，我们有一些准备工作需要完成。

二、组队开黑：话事人、引导者、洞察者和“吃瓜群众”

7天人设冲刺即将开始，你需要组建一支共同参与人设冲刺的团队，他们必须且只须包括几种角色，如下图所示。

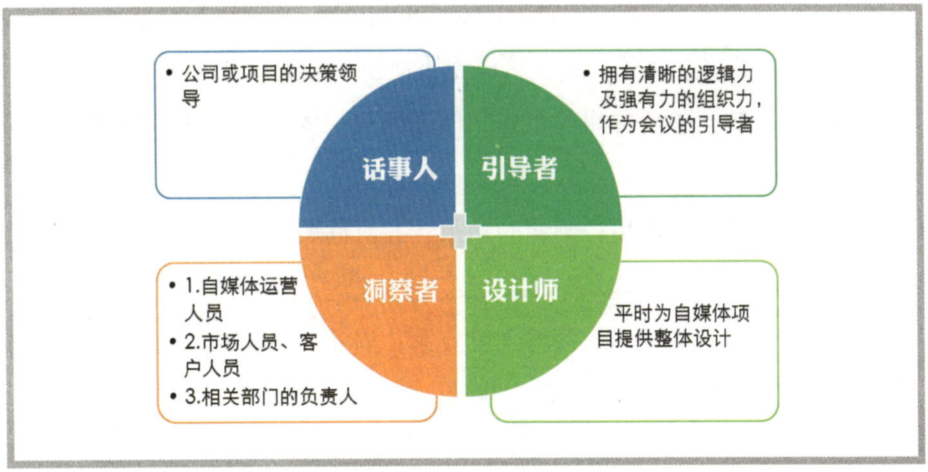

洞察者的队伍至少需要3~4个人，他们分别来自自媒体日常运营人员、市场人员、客户人员、相关部门的负责人，在一线直接与用户接触，或者了解企业产品在销售过程中、售后服务过程中用户的反馈；相关部门的负责人，他们对全局拥有更深的洞察力。

这支人设冲刺团队的搭建至关重要，能否快速实现短期目标与之息息相关。

1. 话事人必须参加的4个时间点

当你的自媒体项目决定开始启用7天人设冲刺的办法来解决运营困境时，话事人就必须参与其中。一般来说，公司的大BOSS即是话事人本身。如果话事人非常忙，没有办法参与全程，那么至少在关键的决策点，他必须出现，听取现场的分析结果，做出他的判断。

为什么？

（1）你无法确保你对自媒体所服务的产品的定位，是否与话事人达成一致。换个说话，对于公司的产品、定位，团队内部是否达成一致，还是存在沟通漏斗效应，需要当面再确认；

（2）自媒体所服务的产品的定位，是否与既定受众的需求一致？在人设冲刺的过程中会发现冲突，届时也需要话事人决策，是否接受小范围调整。

如果话事人实在太忙，我们可以说服他在几个关键时间点必须加入。

第一，冲刺开始前的目标设定，即理清我们要解决人设问题的关键目标是什么？

第二，周二，听取用户画像的结果，并对问题提出他自己的看法和解决方案；

第三，周四帮忙挑选最优的人设方案；周六，根据人设做出的几套设计方案，他发现自己的看法并做出挑选。

2. 如何说服你的话事人

如果你是企业内部的话事人，请在阅读到此处时，赶快加入人设冲刺的队伍，坐定指定的“小黑屋”。

如果你是企业内部的自媒体团队，请牢牢记住这点，一定要让你的大 BOSS 参与进来。

如果你是服务于甲方的自媒体运营团队，更要将这点刻进团队服务章程里。切记！切记！

以下几个理由，可以帮助你说服话事人。

(1) 提高效率

话事人最担心的便是自己的时间被浪费在无用的会议上，你必须告诉他，我们正是为了提高效率，才决定开始人设冲刺，7 天之间之内，便能做出一个大致的模型，解决过去运营上的困惑，这是在为他节约整个企业的时间，争取更多的生命力。任何企业的领导都不会不喜欢这种快速见效的方式。

(2) 这是一个测试

你可以告诉他，这是一次测试，他可以协助运营团队对结果做出评估。把这次的人设冲刺，当作一次快速测试。人性的本能是拒绝改变，但一次快速的测试，我想他不会拒绝。

(3) 解释成本投入

主要的成本投入在于你与你的运营团队，在这 7 天之内投入的人力与时间，将与公司的正常运营产生怎么样冲突：你们可能会缺席哪些会议、哪些项目的进度会相应延期。把这个取舍解释清楚。

(4) 专注比分散更易出结果

当所有人的精力专注在一件事上，要比分散着处理工作效率来得更高。这个现象完全可以坦白，毕竟对比起精力分散，每件事都做得普通平常，专注且做到极致更吸引人。

但是，如果你的话事人认为，完全没必要尝试人设冲刺怎么办？暂停下来，和他好好谈谈，给他看看这张自媒体的重要性金字塔，如下图所示。

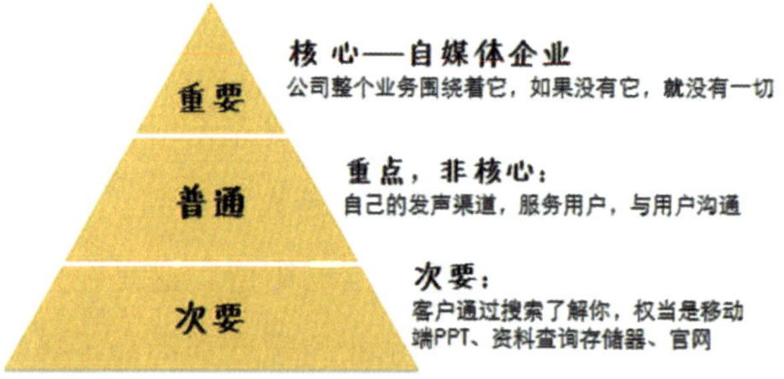

当话事人的期望值确实在金字塔顶端的第一、第二层时，告诉他人设冲刺的第一性原理：人设运营说，人脑是极其懒惰的，能不思考就不思考，他需要直接的观感和刺激。

如果你的话事人依旧抽不出时间，请他授权一个全权代表参与，并发正式的邮件声明："特此授予你本项目中的所有决定权。"或许你会觉得这种方式显得矫情，但是清晰的授权，对所有人的工作都是一种尊重，更给予了做事的清晰度。

一旦确定了话事人，大家就可以着手组建人设冲刺团队了。在接下去的7天之旅中，这支团队将与你一起拆解问题，并肩作战，拟出用户画像，提出吸引用户的人设，并根据人设做出可视化方案。

三、7个人左右的团队最合理

相信大家都对无效会议、拖沓会议特别反感。因此，7个人甚至更少人数的设定，出发点就是为了会议效率。7个人之限，能保证人设冲刺需要涉及的相关角色都能参与，保证意见来源多样化，以期做出更完整的信息拼图。7为奇数，在投票表决的时候，才能定出胜负。

当然，不是说人数就一定限死在7人，你可以找到更多的人参与，这很棒，代表团队十分壮大，但十分不建议超过11个人。

低于7人也无妨，5个人也是很好的选择，至少能保证有以下几种角色：

1. 话事人

团队中做决定的人。他可能是公司的CEO、BOSS，或者是本自媒体项目的“CEO”。如果此人不能全程参与，一定要让他参与关键的几个点，并且要让他派出一个能全程参与的人负责决策工作。

参考人选：CEO、BOSS、创始人、联合创始人、产品经理、自媒体项目负责人

2. 内容专家

一般来说，这个角色是平时负责自媒体内容输出的人员。他对自媒体的定位、选题有自己的看法，对数据了解、对用户了解。他一定是不缺席的角色。

如果是专业做自媒体的团队，你可能会有一个主编或总编型的人物，邀请他参与进来，他的专业经验，能给我们极大的帮助。

当然，这个角色也有可能是看此书的你本人。

参考人选：自媒体主编、编辑（内容运营）、文案策划

3. 市场策划

若是企业自媒体，市场策划人员往往也会对自媒体的运营提出看法。他们提出的看法，更多是出于企业扩张市场、营销推广的角度，与内容运营有视角上的区别，目标直击购买者。

参考人选：市场总监、市场运营、用户运营、策划人员（活动、推广策划）

4. 客服人员

一对一面对客户，直接获得用户客户的看法。

参考人选：销售人员、客服人员、行业研究人员

5. 设计师

负责将公司的品牌、产品、信念等相对抽象信息进行可视化的人。

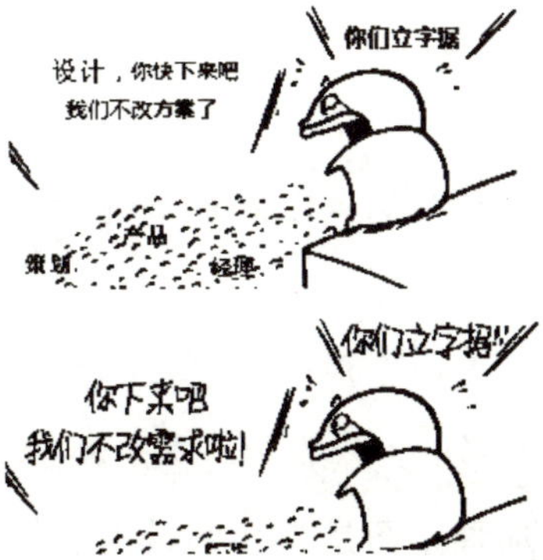

看了上图，相信大家都会会心一笑。我说服设计师参与整个人设冲刺，就用了它：“别跳楼，这次你自己说改不改。”

其实这也是提高团队成员与设计人员沟通效率，增进双方对共同目标理解最好的办法之一。

参考人选：设计总监、设计师

6. 技术专家

如果你的自媒体涉及技术开发，那么，负责实现功能的技术人员必须参与其中。

参考人选：CTO、技术总监、工程师

特别说明，自媒体上应用相对广泛的是前端技术、小程序开发等，如果比较复杂的功能实现，需要后端人员，如 PHP，那么也要邀请其参与。

后台的功能体验，直接影响了编辑、运营、市场等相关内部人员的效率。

7. 鲶鱼

啊，我这里说的鲶鱼并不是真的要你捕捉一条长着长长胡须的鱼，而是指团队中的“鲶鱼”。

他可能是公司的新晋人员，对一切信息尚无既定概念，带着旁观者的新鲜劲；也可能是公司里那个头脑聪明、常对既定方案提出不同看法的人。请注意，不是捣蛋鬼的那种，而是当我们做出决策后，因为他没有参与其中，意见得不到沟通而有勇气再次提出的人。

团队里有一条“鲶鱼”很重要，我们要特别警惕为了保持同事关系的和睦、保持氛围的愉快，而在开会过程中互相猜测对方的想法，迁就、妥协的现象。

妥协是一种很可怕的习惯，尤其是在人设冲刺中。如果没有“鲶鱼”的冲击，我们可能会设计出一个“四不像”的人，而“四不像”往往诞生于互相照顾对方的情绪。

四、万一希望更多的专家参与，怎么办？

不妨在周一清理数据时，邀请不同角色的专家，分享他们领域内的信息。这个故事后面会提到。信息拼图是一件容易产生遗漏的工作，如果作为组织者，希望能得到更全方位的信息，周一的下午，大家提交各自领域数据时，请专门领域的专家用20~30分钟的时间，分享他的所见所得，这样能增加多样化的视角，也能确保团队小而精。

五、选出一个逻辑清晰的引导者

柳传志先生在联想公司里建立了一个极为重要的传统，也是联想团队的重要方法论——“复盘”，柳传志先生不只一次提出，复盘是管理工作和自我成长最受其受益的工具之一。而在复盘中，有一个重要的角色，就是引导者。

在 7 天人设冲刺中，有极为关键的一点，就是选出一个逻辑清晰的引导者，如下图所示。

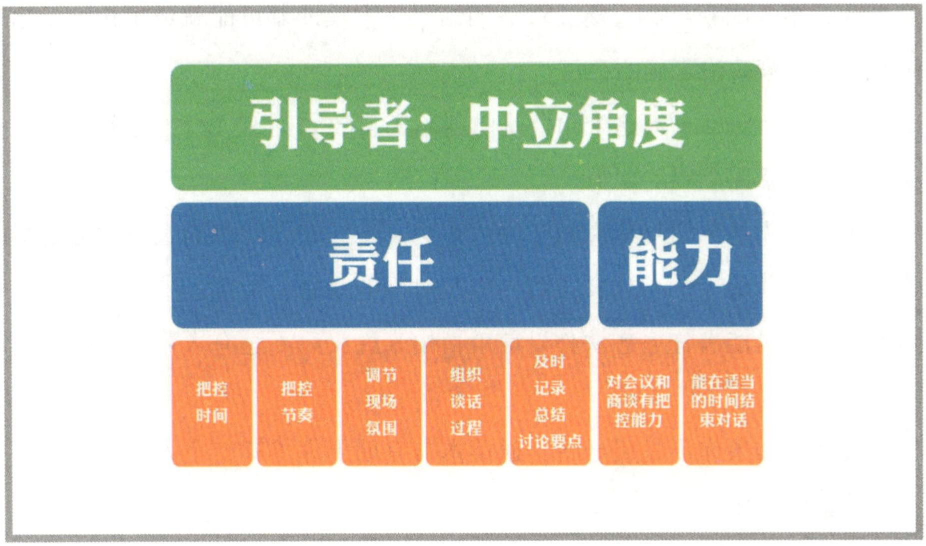

一般来说，我们不建议话事人和引导者是同一个人。虽然在许多公司

里，话事人无形中就是一个引导者的角色，但详见下图。

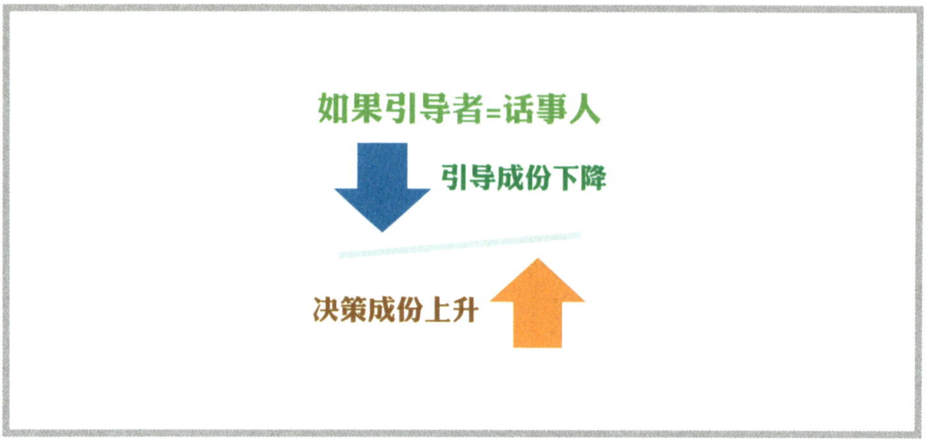

这里有个陷阱，一旦话事人承担了引导者的角色，无形中整个会议就会偏向话事人的观点和立场，最终的结果，**人设冲刺可能就成了论证话事人观点、决策政治正确的会议**。

所以，无论话事人这个角色是由创始人、CEO 还是 BOSS 承担，请一定克制自己掌握全局的欲望。

本书特别适合引导者阅读，因为你会发现，在读此书的过程中会特别容易上手，从每天的工作安排到内容及时间的设定，从准备物料、工作到组织人员，可能有许多想法你以前就冒出来过，只不过有人帮助你拟清了清单。

当然，如果你不是引导者，通读本书有助于你了解整个人设冲刺的过程，给自己增加一项新的技能。

7 天人设冲刺也适合提高团队配合度，可以说是很好的团建方式，同时也能集中解决在平时无法专门找到时间，集体摊开来讲的问题、误会与矛盾。迎接你的 Super team 吧！

第三节　封闭冲刺大法：密集时间、“小黑屋”和零食包

一、为团队争取合适的上下班时间

做运营、市场、编辑之类工作的同学一定有一个痛苦的地方，就是事情琐碎杂乱，间歇性“抓狂”、经常性“抽搐”。如下图所示。

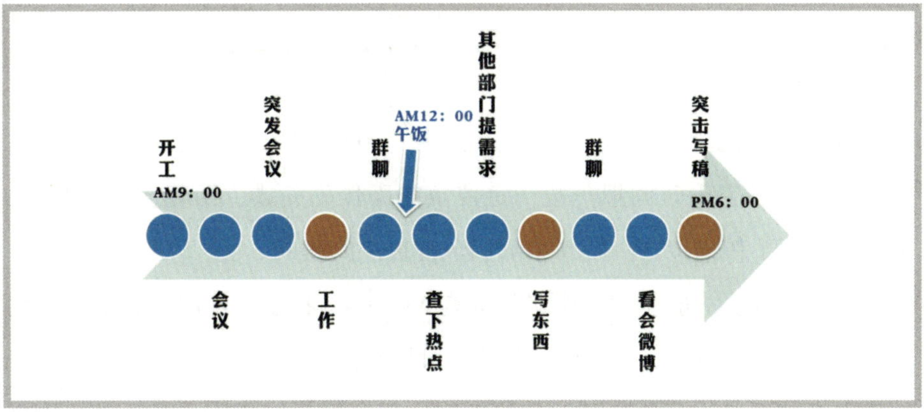

一天下来，怀疑人生。如果在看书的你，正好负责一个团队，我想感受更深。忙碌又漫长的一天，可最终结果呢？

谁不想高效率产出呢？作为企业内负责自媒体的团队，往往工作时间容

易碎片化，相应地说，注意力也会碎片化。这无疑是十分不妙的。没有人愿意长期处于这种状态，成就感大打折扣，损己损团队。尤其是7天人设冲刺这种需要解决重大问题的创造性劳动，需要一大块不被干扰的时间。

关键是做完7天人设冲刺之后，你会发现平时的一部分工作，将被降维化，我们在人设冲刺过程中，找到了逻辑和公式，更能大幅度提高效率。

事实上，7天人设冲刺，也给大家提供了一个很好的由头，让我们能按照自己希望的方式工作，有清晰的日程表、具体且可视化的目标、可预期的结果。不需要在不同的部门、群聊间响应需求，也可以明正言顺地排除干扰。

你的工作时间会是这样的，如下图所示。

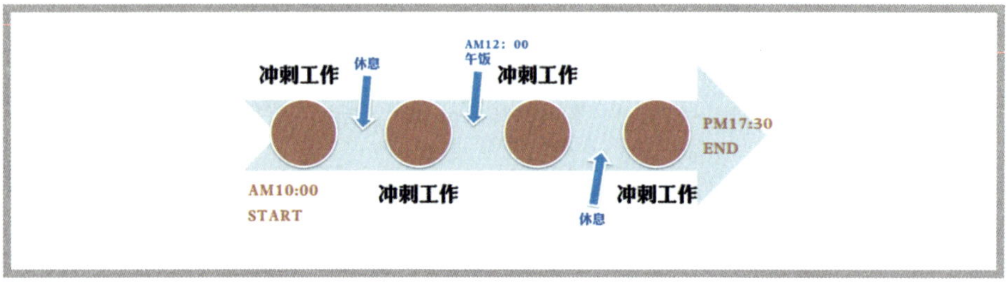

每个企业的上班时间不一样，一般9：00开始，那么，在10：00之前，我们可以空出时间把一些一定要做的工作先完成，回复信息、邮件，进行事务性工作。接着，就开始咱们全神贯注的时间。

通常来说，一般企业的下班时间是18：00，我们在屡次的尝试中，会考虑在17：00或者17：30时，提前结束战斗。

人设冲刺是十分消耗精力与脑力的，也会促使团队成员在短时间里爆发性成长，因此，保持好的状态非常重要，提前下班，让大家能有足够的时间"葛优瘫"恢复，是一个不错的选择。

如果你的企业制度相对宽松，你不妨向老板申请，团队成员可以9：50到公司，准备下，10：00开始，这样也能为团队争取更多时间，激发团队动力。

作为互联网企业，上下班时间没有强制规定，大家只要能完成手头的工作，并出成果，时间随意。但人设冲刺时期，大家集中到一起的时间更多，配合得更紧密，几次冲刺后，我们已经能把7天的冲刺时间，压缩到4天，甚至有数据积淀的项目，3天也能完成。阶段性地做人设冲刺，也是一种团队的阶段性训练。

二、调出7天的时间，其中一天半可以不来公司

这个声明很重要，毕竟人设冲刺需要花7天的时间，可能有团队成员会以为，是不是周末要加班了？

事实上，我们在周六、周天安排的是分发、灰度测试和收集数据，只要在周天下午，花半天的时间，碰头回顾整个数据情况，做下最后的定夺即可。前5天的时间，允许9：50上班，17：30提前下班，也是相应补偿。和我们配合过的团队，都还蛮喜欢这样的调整，毕竟效率高了，人也被激活了。

7天人设冲刺，完整的一周安排表应该是这样的，如下图所示。

在7天中，我们时间切块明显，要完成的事情也有清单，当一天开始时，大家就可以开始核对，全力以赴冲刺，有紧迫感，你会无形中提高效率。

为什么是7天呢？我们试过10天冲刺、半个月冲刺，甚至20天冲刺，效果都不如7天来得好。

10天冲刺是相对尴尬的，因为周末2天一晃而过，咦？前面5天讨论的信息量，好像从脑子里撤退了。

20天的紧迫感又太差，时间拖长，大家的重视度、专注度必然下降，同时也更不愿意倾听别人的意见和想法，对抗也悄然产生，“我在家反复想，一定是这样的！一定是他们不对”。

这些干扰和拖延是在无形中产生的，如果你是团队带头人，或者想成为带头人，一定要打败自己对自己的宽容。

当你对自己宽容，行业就对你残酷。

三、接下来我们聊聊“小黑屋”

我有一度很难接受“小黑屋”这个定义，不过可爱的团队小伙伴们喜欢用这个词，年轻人总有一种吐槽向的恶趣味，拿来自嘲更解压，所以就沿用至今。

所谓的“小黑屋”，其实就是冲刺室。

7天人设冲刺的关键在于，完全不被打扰的环境。不少互联网公司就有这样的会议室，比如飞博的头脑冲刺室、小玻璃房。

那么，向行政申请说明，这7天时间内，这间会议室完全属于你们，在门口高挂“免战牌”，用仪式感来反复强调重要性。我们做过各种各样好玩的牌子，如“闭关修仙中”“孵化乔布斯 2.0 版 ing”“嗨嘿闭关好开心”。前阶段《三生三世十里桃花》很红的时候，我们还做过“浅浅，为师在闭关”，每次进出都能一笑，是调整状态的好办法。

四、无手机无微信无 QQ 原则

在谷歌的产品迭代方法论里，有一项原则叫“无电子设备原则”。这让人很佩服。毕竟，研究网站、APP 迭代，硅谷的这帮疯子竟然不用电脑，全靠写写画画。

但是，有一个原则必须要遵守。就是无手机原则，其中囊括了不刷微信、不开 QQ。微信这个庞然大物实在是吞噬时间的恐怖怪兽，当你不知不觉开始走神拿起手机时，随便点开一下朋友圈，30 分钟可能就过去了。还没专注 15 分钟，觉得微信上可能会有信息，再次拿起来，又 30 分钟消失了……7 天人设每半天才 2 个半小时左右，只够你拿起手机 4 次……如果 7 天中人们轮流拿起手机……别说 7 天人设冲刺了，70 天都够呛。

因此，绝对不可以将手机带进小黑屋！更不可以在带进小黑屋的电脑上登录微信客户端、QQ 客户端，网页上如无必要，不要打开微博。

如果你实在担心错过什么重要事情，请在进小黑屋前，发一条状态：“将有 2 个半小时在冲刺室，有事请留言或私信。”

五、准备足够多的白板或玻璃

上文提到，互联网公司有信息可视化的优良习惯，即准备足够多的白板或玻璃板，把所有提到的信息写上去，可以考验记录者的收集信息能力，更重要的是信息可视化后，大家沟通起来的成本更低。比如，“星座秘语”在对标现存问题时，就有一块专门的白板，上面写着大家的看法，如下图所示。

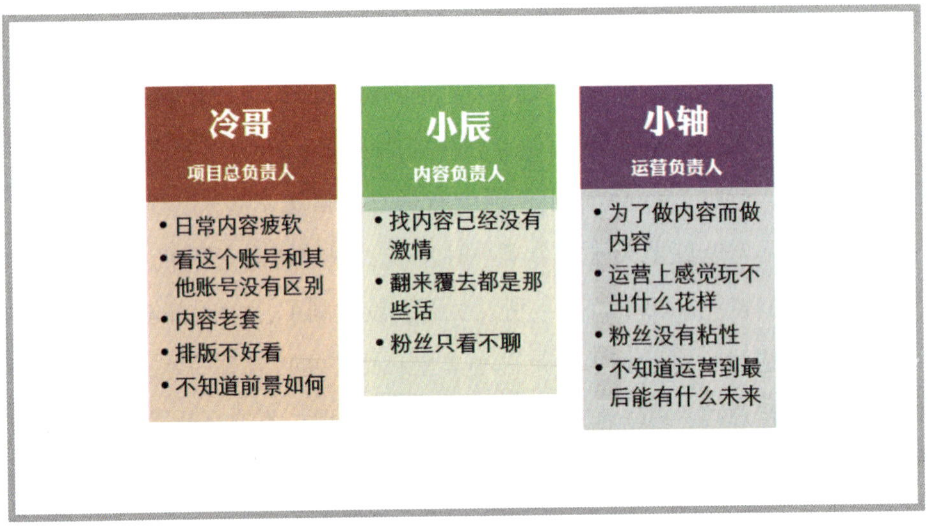

这如同将所有人的大脑共享了一样。可视化且直接！

你做设计、写文章时，如果将相应的资料分别储存在花瓣、百度或者各种文件、PPT中，是无法进行全方位模式识别的。只有当你把所有资料收集并同时呈现时，你的信息处理机制才会高效起来，创新合成体才会出现。

白板怎么准备？请登录万能的淘宝，那上面能告诉你各种价位的白板，以下几种型号值得考虑：

1. **H型支架的双面白板**，很不错，最好大于等于90cm宽，不要选择窄小的。

2. **软白板或者大白板墙贴纸**，可以把你的四面墙都变成白板，相信我，这个超酷的！四面都写满的时候，你仿佛拥有了爱因斯坦般的大脑。

3.如果有足够的预算，不妨**用玻璃打造两面白板墙**，这可能需要花费2000多元人民币，但从复用率、美观度上来讲，也是十分不错的选择；

4.最后，如果预算不多，又不想办公室布满白板，那么，**大海报纸也可以**，暂时性地用大头钉之类的尖锐物，将其钉在墙上。但是，白色的大海报纸缺点就是无法随时抹掉，当涂改多了，看起来也够糟心的。

六、来一个大屏电视

关于大屏电视带来的高效，我是从“同步推”的创始人熊俊那里学到的。机缘巧合，我到熊俊的公司学习了2个多月，其中几次交流，发现他对信息可视化工具的运用十分独到。

他给公司的几个办公室，尤其是自己常开会的办公室都买了大屏电视，小米或乐视之类的，55寸（1英寸约为2.54厘米）以上。当开始开会的时候，他会指定一位小伙伴，打开XMIND之类的思维导图软件，实时记下每个人的看法和信息。最终形成一张大思维导图的时候，大家围站在电视旁，对信息进行分类、提炼、总结，一次快捷高效的会议就结束了，并且在结束的时候，已经有了一份完整的解决方案提纲，只需要根据提纲进行执行落实即可。

你想想，本来的流程是：

开会 60 分钟 + 整理方案 90 分钟 + 讨论方案 60 分钟 + 再整理方案 30 分钟 + 通知各部门落实 30 分钟 = 270 分钟

现在是：**开会讨论 + 同步整理 + 对标信息 + 落实方案 = 60 分钟**

第一次参与这类型讨论会时，我简直叹为观止。原来在传统媒体时，每天的选题报题会，都由无数版面编辑进行汇报和讨论，一场下来，由于信息不可视，每个人都头晕脑胀，对选题报题会充满厌倦；而在另一些策划会上，虽然信息用白板可视化了，但事后整理信息，再重新开会对标信息，依旧会花掉大量时间。

熊俊的办法，是**可视化+数据化+信息对标**，利用了**大屏电视+思维导图软件**，更进一步加快效率。

自此后，一些小型的策划讨论会，需要快速和执行的，我都强制要求团队成员要照“章”办事。有一个承担我们线下活动的策划公司，和我们开了一次会后，美滋滋地拿着导图回去，落实成执行流程表、执行物料表，大呼太省事了，高效又愉快，他也上瘾了！

在我们的 7 天人设冲刺中，我也强烈建议引导者，要担当起这个工作，在引导大家进程的过程中，指定团队的一个小伙伴，用思维导图输入信息、同时用软件将大家的想法进行拖动分类，你会发现，这个共享大脑再次进化！尤其是做决策的关键流程，一定要采用这个办法！

七、其他物料准备

马克笔，这个不用说了；

A4 草稿纸，每个人一小叠，供其写写画画；

便签纸，写上自己的看法，贴在在自己的观点栏里。

八、零食及其他仪式感

由于大量的讨论、数据交互、信息交换，非常消耗体力，建议组织者要准备好零食、糖果及一些饮品。及时补充能量，这会让小伙伴们十分愉悦，来一些巧克力也不错。

关于其他的仪式感，冲刺室如果安排在轻松愉快的懒人沙发房固然好，但我个人认为有点太懒散。因此，我们更喜欢习地而坐的地毯房，或者是矮凳子，配上小茶几，大家可以围成一圈，茶几上放满零食和饮料。

当然了，大型的会议桌也是不错的选择，正襟危坐会让成员们更加重视。

这些小小的仪式感，取决于团队的气质和公司的文化，不勉强。如果能与日常的开会有一些小小的区别，是再好不过了。

CHAPTER 1

周一：清理日

7天人设冲刺，选用的是完整的一周。所以，我们不妨从周一开始。今天要做的是，从结果出发，早上重新梳理一下共同的长期目标、冲刺要解决的短期目标，以便大家达成一致。同时，设定好会议的规则以及会议专用的“暗号词语”，列出今天要具体解决的问题及问题的执行路径。下午画出目前的运营数据现状图，从全平台收集清理目标用户数据，包括但不限于：指数类型数据、普通数据、活动数据、访谈类数据、观察类数据等。

第一节　如何快速确定目标——厘清公司战略对自媒体运营的期望值

LR 联合办公是一家国内排行前 5 的联合办公企业，背靠上市房地产集团，进军联合办公，既是集团的内部创业，又是地产集团积极寻求转型的手段。因此，年轻的创始人对自媒体很是重要，在某次场合和我短暂交流后，立刻与果肉科技签订自媒体运营及咨询协议，飞往其上海总部与主创团队见面交流沟通，是我们这次服务开始最重要的一个环节。

LR 联合办公，拥有一支年轻的创始团队，在房地产企业里平均年龄 85 后的主创团队结构并不常见，他们拥有区别于行业的新鲜劲儿，所建立的商业模式也属行业领先。年轻团队丰富的想法层出不穷，新鲜商业模式的模糊未来，使得整个团队的目标更加复杂，有可能同一个表述，背后往往隐藏着不同的含义。

我们决定用 7 天人设冲刺的办法，协助他们建立自媒体运营机制，进行自媒体团队管理，而在此之前，“确定目标”将是重中之重：厘清 LR 联合办公将自媒体运营摆在在整个模式的哪个战略层级，或者说，共同定下 LR 联合办公对自媒体的期望目标，并将期望值具象化。

一、“确定目标”有3个困难场景

以下几种场景，做目标对标，进一步将目标可视化、细节化，就显示较为复杂了：

场景一：传统企业自身的自媒体运营

自媒体并非业务核心，在思维方式与逻辑扮演上，传统企业与自媒体有着许多不同，传统企业内部的自媒体目标厘清，相对复杂。

场景二：传统企业内部转型创业项目的自媒体运营

传统企业内部，为寻求转型而做的创业项目，其本身就与原先的业务有着天然的思维隔离，而为这类内部创业项目服务的自媒体运营，就无形中承载着更多期望值，毕竟，在有些人眼里，自媒体运营可能就是拥抱互联网了……

场景三：乙方为甲方的自媒体运营服务

相信有不少读本书的朋友，也在从事自媒体代运营工作，企业的自媒体运营外包也是一个常见选择，但当你在为甲方提供自媒体代运营工作时，往往也会碰到这样的烦恼：大家为了运营而运营，为了发推文而发推文，最终共同的目标在哪里？甲方希望一下子快速涨粉，希望一下子涨了粉丝能卖货，要不然就说你的运营没效果。而且，甲方企业自身对其自媒体的期望值，可能也是不清晰的。

参考场景一、场景二，在场景三中，又多了一个思考维度。

LR 联合办公的自媒体运营，恰恰就是最复杂的场景叠加：场景二 + 场景三。这个项目的人设冲刺法，就极具代表性，从开始厘清目标、到接下来的数据清理和后期的解决方案提出与通过，我会慢慢地拆解到每天中，提供给大家参考。

同时，我相信这本书作为自媒体团队运营的案头必备书，也是为了以下几种类型的小伙伴准备的：

1. 企业自媒体，其团队负责人及成员；

2. 企业内部创业项目的自媒体，其团队负责人及成员；

3. 企业内部意图孵化的行业自媒体，其团队负责人及成员；

4. 服务于甲方的乙方自媒体运营团队，其创始人、项目负责人及团队成员；

5. 自媒体创业项目创始人、相关项目负责人及团队成员。

这也是为何我会重复描述“确定目标”的原因，无论是以上哪种小伙伴，这本书将是项目实操指南、团队案头必备运营书籍，不仅是利用书本的每步方法和提供的工具，我也希望大家能读懂方法论背后的思维方式，以期未来形成自己的方法论，届时也希望能与大家交流方法论，形成共享大脑。

二、和创始人、高管层进行沟通

有的时候，做自媒体真的是手艺活，像手工匠人一样，对自媒体不断地进行打磨。从目标开始，就要不断地磨呀磨呀磨。

在 LR 联合办公这个项目上，我放慢了 7 天人设冲刺的脚步，在开始前花了大量时间，进行目标沟通。

首先，必须要沟通的人包括以下几种：

BOSS 级：创始人、联合创始人

高管级：品牌总监、各城市运营总经理

管理层：各城市品牌经理、各城市销售经理

非常幸运的是，LR 联合办公的团队氛围很好，管理也相当扁平化，虽然我们将他们分了三个层级，但是在 LR 内部，大家拥有着平等的沟通机制，都是以打造属于新型的联合办公商业模式为共同目标，可能会去猜测 BOSS 们的意图，但出发点是为了对标信息，而非曲意逢迎；团队成员之间，也拥有着健康的职场关系，开放式沟通。

因此，我们不再需要分别一对一面对面沟通，将他们分为两组分别进行集体沟通：

第一组是创始人、联合创始人与高管级成员；

第二组是各城市品牌经理、各城市销售经理；

在沟通时，我们采用了以下这一沟通表格工具，如下图所示。

确认目标—信息对标专用表

制表人： 果肉科技 GUOROU TECHNOLOGY CO.LTD

沟通对象： 姓名：________ 身份：____________	决策层级： □ 话事层 □ 管理层 □ 执行层

一、在您的心里，自家自媒体的战略地位，位于下图中的哪一层？请打勾

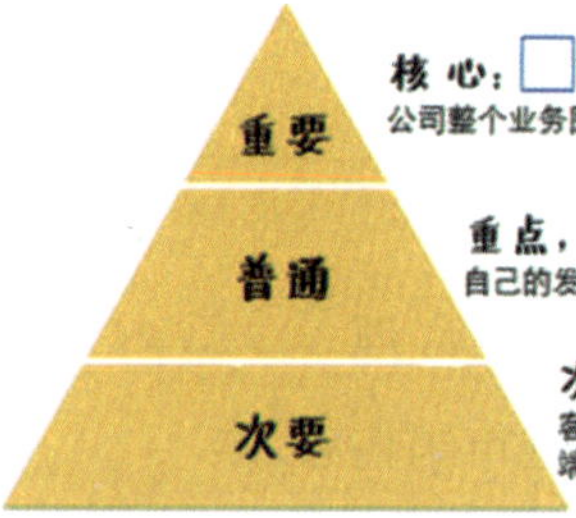

核 心：□
公司整个业务围绕着它，如果没有它，就没有一切

重点，非核心：□
自己的发声渠道，服务用户，与用户沟通

次要：□
客户通过搜索了解你，权当是移动端PPT、资料查询存储器、官网

二、您对企业自媒体的期许，具体可描述为——
（您觉得，您的老板对企业自媒体的期许，具体可描述为）
1.您（老板）希望自己的自媒体像谁：__________；
2.您（老板）觉得______粉丝量合适？
3.您是否觉得自媒体应该带来销售？是/否
4.最希望自媒体开设________栏目？

三、同行自媒体哪几个做得好？你最常跟自媒体团队（负责人）举的例子是哪几个？
（老板最常夸的同行自媒体是哪几个？）

四、你觉得他们哪里做得特别好？
（他常说他们哪里做得好？）

五、你听说过他们的自媒体带来什么好的效应吗？
（老板常说他们的自媒体有什么好效应？）

这张表格你可以先分发给他们，让他们填写，就表格内容再进行信息确认，也可以由一人主导访问，另一位小伙伴在旁边进行实时记录。

比如在 LR 联合办公这个项目上，我们就分别采用了两种办法。

第一组有 4 名成员，我们找到一个会议室，一位小伙伴在现场将大家发表的看法，分四栏写到白板上——信息可视化，共享大脑！

第二组有 6 名成员（当时 LR 团队建立了 3 个城市分点），分别有 3 名城市品牌经理和 3 名城市销售经理。这组的 6 名成员，我们用邮件的方式，先将表格分发到每个人手上，请他们在共同的时间限额里完成，收集回表格后，一一电话对标信息。

这里特别要提到，第二组成员的沟通比第一组成员优先，在出发去上海前，我们就先完成了第二组成员的信息收集，带着他们的信息，我们和第一组成员面对面沟通，同时保证 3 个城市的工作人员在线参与（可将第二组成员的信息匿名共享，以免成员们产生不安全感——似乎被乙方出卖了呢）。

三、关键还在话事人身上

在整个 LR 项目的沟通过程中，我们发现，即便大家的共同目标都是建立联合办公的新模式，其实，每个人理解的模式却各不相同，对自媒体的需求也各不相同。但最终的目标定位关键，还在创始人（话事人）身上。请注意，这里出现了重要人物——话事人，这个角色在一开始的确认目标上，是最需要一而再再而三细化、可视化、具象化沟通的。

LR 的创始人 Eric 很年轻，至少在地产行业来说。在他的脑海里，而

LR 联合办公项目，是为年轻创业者所服务的，对这类用户而言，传统媒体传播已经失效，因此，需要自建发声渠道，占据主动权。而另外 11 个受访团队成员，在确认目标表的第一个问题中，都选了："重要，非核心"一项。

事情看起来似乎很顺利，大家的认知是一致的。然而，并非真相。

在第二个问题上，就产生了分歧。我们回顾一遍问题："您（您觉得老板）对企业自媒体的期许，具体可描述为：__________"

在 Eric 的心中，LR 的微信公众号最好能像"36KR"或者"优客工场"，成为一个应用平台；至少要有 10 万粉丝量；能给 LR 带来 25%的销售；最好能开设采访创业者的视频节目。

而在其联合创始人 Vic 心中，LR 的微信公众号应该像"裸心社"一样，企业品牌明显，调性时尚；5 万~7 万的粉丝量比较合理；能给 LR 带来 25%的销售；最好开设办公室趣事的漫画栏目。

大家可以看到有 3 个关键指标不同：1. 账号定位；2. 粉丝量；3. 内容结构。

这一分歧，在品牌、运营 2 种不同负责人处，再次加剧。

品牌负责人、执行层都认为，销售不应该捆绑在自媒体上，因此，销售指标填了 0；自媒体应该承担品牌建设与影响的工作，所以，核心栏目理应是活动，通过活动带动品牌；

而运营则认为，自媒体涉及投入，应该摊派指标，35%上下的指标并不过分；核心栏目应该是空间介绍、空间优惠政策等内容。

我们把访谈结果，进行了具象化，如下图所示。

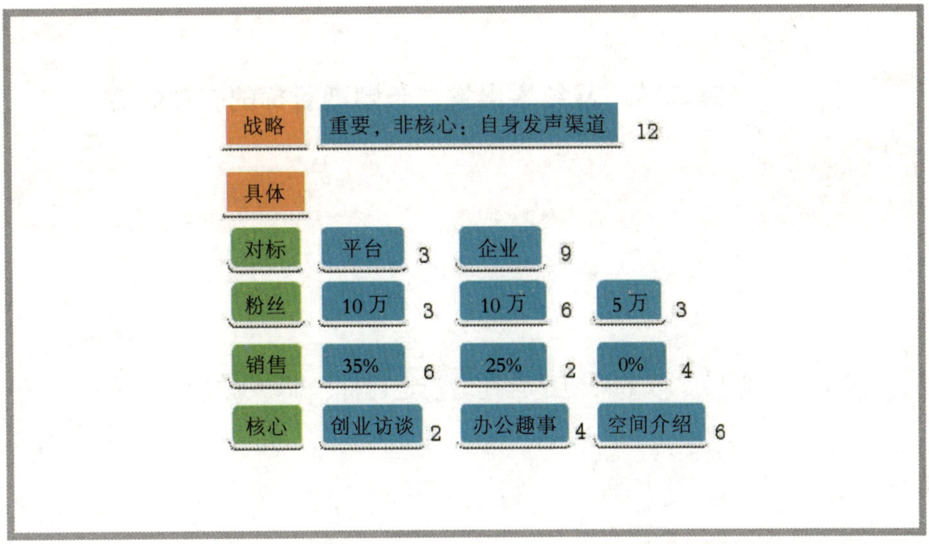

每个人的诉求与想法，都有着不同的差距。接着，我们把 Eric 的想法，标明了出来。你可以看到，创始人是很孤独的……因为，没有人同时选了这 4 项。

同时选建立平台账号的另外 2 个人，认为平台型账号是应该拥有更多粉丝量：10 万，但是，不应该让其背负销售指标，因此，销售需求为 0。在核心栏目上，一个选了创业访谈视频，一个选了办公趣事漫画。

而选择企业型账号的几位，相对对粉丝量要求较低，不过多少都希望能自媒体能协助承担销售指标。

这让大家第一时间都意识到，原来，我们认为所有人的想法是一样的，其实有这么大的区别。

关键在于，话事人的目标地图一下子就明晰了，原来老板是这么想的！

基于创始人的这个目标，我们应该做什么呢？

1. 判断目标的可执行性；

2. 调整目标的实现阶段。

第二节　从结果出发，长短期目标的有效制定

了解了预期后，接下来便是合理地设定目标，调整期望值。

一、戳破不切实际的幻梦

不得不说，经过上面的确认目标后，我们会发现一个尴尬的情况：“0元预算，给我 10 万粉丝”这种粉红色的泡泡，真是随处可见。

让我们再看一次 Eric 的目标，如下图所示。

不知道各位企业自媒体团队的负责人们，会不会有一种“于我心有戚戚焉”的同感：唉，我老板也是这么想的。

建立平台型账号：应该的呀，我们有一个大的商业规划；

10 万粉丝：既然是平台型，那么肯定要覆盖更多人群了，对吗？

25%销售指标：投入了，必然要有产出，必须的！

平心而论，我也是企业创始人，时不时也会冒出这些粉红色的泡泡，从心理出发，毕竟合情合理。怎么合理合法地戳破这些粉红色的泡泡？

1. 增加时间维度

明确地告知话事人："老板，这不可能实现！"

最好不要。

当面用决绝的办法拒绝人的要求，会产生极强的抵抗情况。如果你不是行业的权威专家，不建议用这种方式。

告诉他：可以实现，但目标要一个一个击破，所以不妨咱们一会儿把目标的权重排列一下，以便做出更好的选择。

2. 分析立场问题

我们和 Eric 沟通时，举了个例子：假设你因为交停车费的原因，关注了一个城市商业广场的微信号，结果他为了刺激大家到商场消费，天天给你发打折消息，你会怎么想？他说，挺烦的，如果骚扰次数多了，就会解除关注。

是的，一个崭新的品牌，如果背后带有他可视化的商业目标在，用户与自媒体的关系，就会产生预设立场对立：他又要做广告了，我又要听广告了，算了，不打开了！

什么原因？对于企业自媒体运营者来说，在背负销售目标的情况下，很难控制自己在内容输出时不做硬广告。何为硬广告？就是用户看来："是啊是啊，你又在说你家的东西有多好，你有多牛了，但那关我什么事呢？"只要用户看后有这种"反感"，那么成为平台型账号的可能性就会降低……我们在过后的访谈中验证了这个用户心理。

怎么办呢？我们开始了转换视角的工作，这能协助所有人，再次设定更加合理的期望值。

二、转换视角，设定合理期望值

有时候，我会受邀请去为一些大型国企、政府部门、上市公司进行自媒体运营的思维分享，其中我最喜欢讲的一堂课就是《转换视角，企业自媒体运营的关键》。

其中最核心的，就是这两张图，见下图。

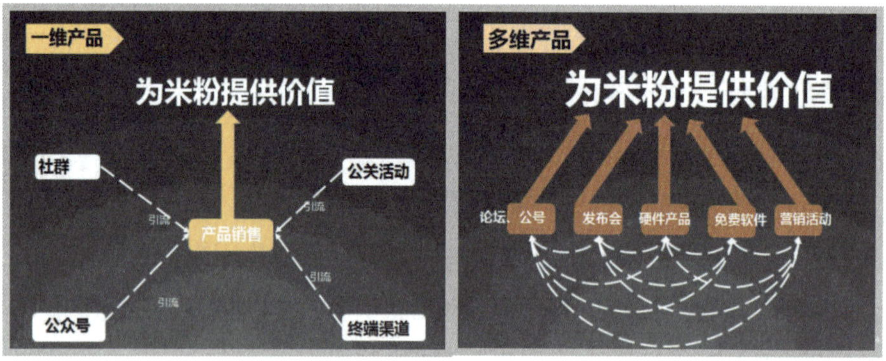

做自媒体运营 5 种身份的小伙伴们，你们一定察觉过，一个糟糕的企业自媒体的全部特征就是：内容杂乱无章、没有风格、缺乏持续性、过分追求短期广告……全中了吗？扎心了，老铁。

1. 产品视角的转换

为什么会这样？因为，在传统的品牌思维里，企业自媒体与用户的关系，还隔着一个产品销售：销售部门创造价值，其他所有的活动都是为了给销售带流量。无论是自媒体还是社群。这就是典型的一维型产品。

这就是 LR 联合办公在定目标时的困境。

事实上，如果你想要达到下图中第二层级目标：成为自己的发声渠道，就必须意识到，只有用户把你当作一个对自己有用的产品，而非你把这个渠道当作一个可宰割的场所，才有可能实现。

因此，所有人得先理解一个概念：什么才是产品？再重新看一下以下 2 张图：

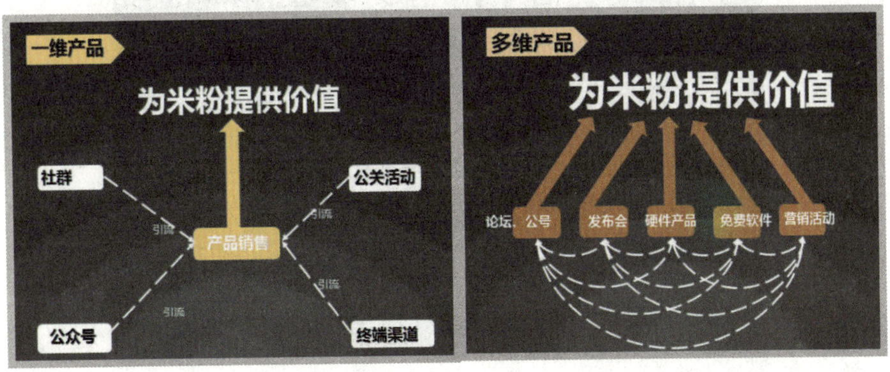

在传统的一维产品思维中，只有销售给用户的商品，才能叫产品，而其他社群、公众号、公关活动等都只是引流工具。

一定不能这么想！

要接受这样的观念：能够为顾客创造价值的，都是产品，如上图中小米的多维产品思维，发布会、社群等都为米粉创造了价值，带来了愉悦感，**这些都是产品，只不过有的是免费产品，有的是盈利产品**。它们都代表企业，目的是在意识世界抢占高点。同时，它们两两之间还可以互相引流，不会造成一味地消耗流量。

意识到这点后，你会明白，企业自媒体的定位，应该是服务大过于销售，在这个基础上，才有可能达到建立自己发声渠道的目的。

因此，LR 联合办公本质上是**联合办公 + 多维度产品思路**：

思考最底层问题：我（我的企业）为什么存在？这个社会为什么需要我？

找到最核心的定位，建立自己的产品体系：能够为顾客创造价值的，都是产品！只不过有的是免费产品，有的是盈利产品。那么，自媒体应该是在这个多维产品体系内的，如下图所示。

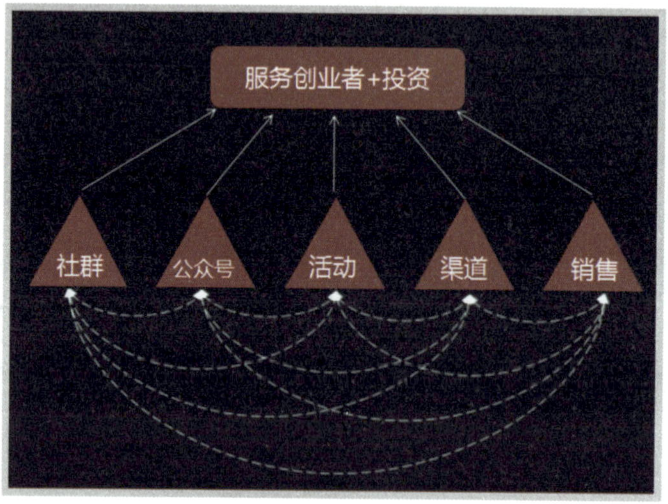

LR 的创始人、其品牌总监和某一位品牌经理，在服务用户上是有极强的直觉的，他们三个同时选择平台型账号定位便是基于这个原因：我知道平台型账号可以服务用户，他们才愿意接受我们，但我并不明白背后的原因。

当我们把一维产品、多维产品分析完后，他们恍然大悟，原来直觉上觉得用户喜爱平台型账号，是因为平台型账号是一个免费产品，满足了用户某些真正的需求。

2. 需求视角的转化

通过 LR 联合办公的线下空间，用户解决自己创业、经营中的很多痛点，比如，花大价钱装修，比如解除整体空间舒适度问题。那么，对 LR 的线下服务，他们有什么痛点呢？——在接下去的用户调研，我会具体的描述，但是我想说的是，他们的需求，一定不是读 LR 的广告，对吧？

“LR 本身真的很棒，我们多讲一些拿奖的故事，多讲一些空间的优点，他们怎么会不接受呢？这不是也在帮他们做选择吗？”

——类似的说法，相信大家也经常听到，这不是广告呀，这是一种服务。

但是，真的是吗？推广里说自己的东西哪里好、什么时候可以用，是你的需求，还是用户的需求呢？

是讲述者自己的需求！

需求的视角，要从运营者的需求，转变为用户的需求。详见下图。

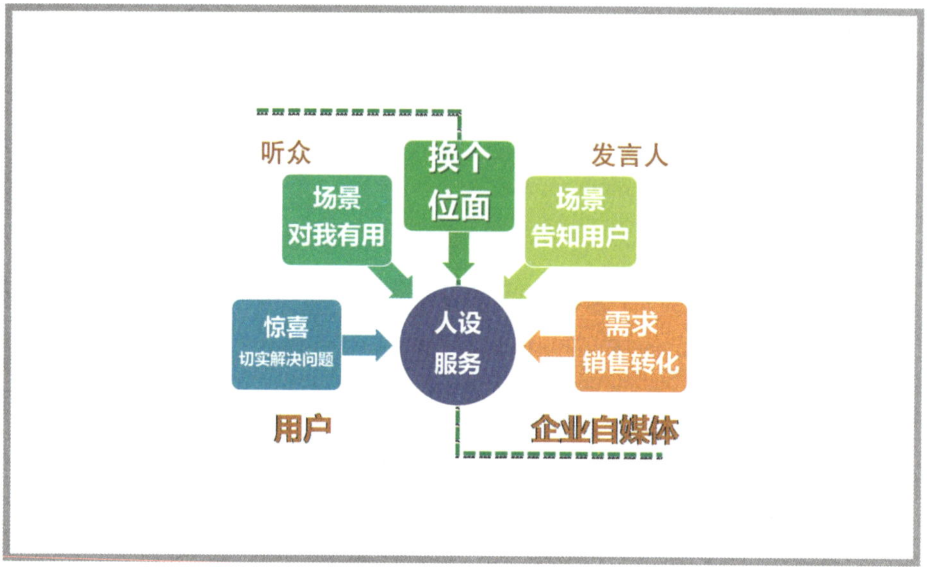

举一个最简单、最常见的案例，一个电钻商，如果他发微信推文时，拼命说，我的电钻用了最坚硬的金属，钻头还是镶钻的。对一个购买电钻的人来说，有意义吗？

用户想要的，其实是墙上那个5毫米的洞，让他能塞进钉子，挂上全家福。

三、分清长远、短期目标

免费产品也是产品，他不是引流渠道；用户的需求是知道5毫米的洞如何钻出来的，而不是你的钻头镶不镶钻。

转换了2个视角后，大家豁然开朗，轻松许多。这时，我们再提出，是不是可以调整一下期望值。

平台型账号，是企业在做自媒体决策时，比较风险的一步棋，可以是愿景，未来能发展成为平台型账号，但如果一开始就定义为平台型账号的话，在整体执行上，必须调低其他期待值，比如，在一开始时无法给销售导量。还有，粉丝量的完成目标，也必须拆解到时间里，短期时间（如3个月内），我们能完成什么，长期时间，我们能完成什么。如下图所示。

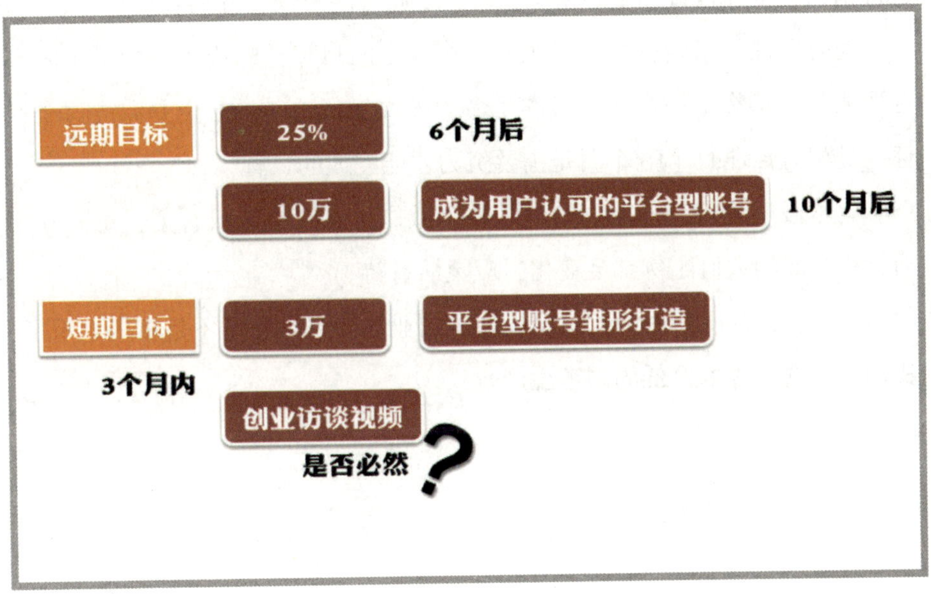

从短期目标（3个月）上来讲，一是方向，二是程度，方向非常明确，平台型账号，那它与企业型账号的打造方式必然有着不同，更中立、更客观，还要提供除了企业服务范围外的其他服务。也就是说，平台型账号，必然是更彻底的用户驱动型运营，而非企业需求驱动型。

那么，在这3个月内，LR的目标之一就是建立用户驱动型的运营体系，打造平台型账号的雏形。

从程度上来说，3 万的目标是需要跳一跳才能够得着的，毕竟 LR 的基础粉丝只有 1000 多名，要在 3 个月内冲到 3 万，还是蛮需要努力的。

谷歌常用的 OKRs（Objectives Key Results）管理办法，在此时可以用上：关键时间、关键事件、关键节点以及需要跳一跳才能努力达到的目标。而这个跳一跳才能达到的目标，则会是事实上可达成目标的 120%。

从远期目标来讲，25%的销售指标不可回避，10 万的粉丝不可回避，只能给 2 个目标设置不同的实现时间。我们可以先行考虑，在 6 个月时，进行销售测试，查看一下转换率，再决定届时的短期目标与长期目标。

而方向性的东西，我们必须有一个即定的目标，即成为用户认可的平台型账号，那么从一个公众号的生命力来说，10 个月~12 个月完成这个目标，是相对合理的。10 个月是需要努力才能完成的目标。

（本段中的目标设定，与当时整个微信生态圈的现状有关。每隔几个月，生态圈的数值比例都会变化，应灵活看待。）

另外，目标厘清后我们就会发现，创业访谈视频反倒不是重中之重了，我们可以选择成本更低的内容生产方式。

第三节　查清自己的现状，毫不留情地扒干净

上一节用了点篇幅，重新把确认目标更细节化，接下来，我们进入周一的正式环节——从查清现状开始，进行第一天的解剖工作。

一、规定沟通纪律，使用非暴力公式

在周一正式盘点数据之前，规定沟通纪律至关重要。引导者在开始冲刺前必须与团队所有成员确定以下几个法则：

1. **整个讨论的过程对事不对人，客观描述现状，不带情绪性评价。**避免从观点的争执进入情绪对抗。这非常重要，往往在讨论过程中，情绪的对抗会使讨论难以继续进行；

我们进行人设冲刺的出发点是：**达到共同的目标。**

在这里，特别要提醒**话事人**，特别需要你发挥自己的宽容心，在盘点阶段，切忌用否认的态度、严厉地反问、责问下属：为何存在现在的数据状态？你们平时都在干嘛？看看别人做的！

正常人在强烈的否认压力下，难免产生逃避、抵触情绪，不利于整个人设的愉快推进。另外，如果不是咱们的运营本来就有问题，为什么要特

地花时间来进行7天人设呢？大家本来就是为了解决问题而来的，对吗？

2. 无论参与的人此前是什么岗位，在人设冲刺中，放下岗位间的预设冲突。例如，自媒体运营人员会认为市场人员在策划活动过程中，不给自媒体导粉；市场又可能认为客服与用户沟通的方式不符合预期，导致市场活动难以进行；再或者，设计与产品经理在表述方式上抱有不同观点。在此次的人设冲刺中，放下岗位间天然的冲突，奔着共同目标而前进。

3. 当情绪对抗产生的时候，请大家使用以下非暴力沟通公式解决：

说出感受 + 表达观点 + 阐述目的 = 信息对标

这个公式是由美国威斯康星大学临床心理学博士马歇尔·卢森堡在其著作《非暴力沟通》中提出的，里面有更详尽的非暴力沟通的整体解析，大家可以去看看。

刚开始使用“非暴力沟通公式”会有点不习惯，尤其是委婉腼腆的中国人，太耻于说出自己的真实感受了。但是，你会发现，工作中如果不使用这个办法，要么一直留着误会，要么大吵一架。

有一天，在“星座秘语”进行讨论的过程中，小轴就与我产生了剧烈冲突，在针对如何选择供应商上，我认为要找专业的供应团队，而小轴认为则应该找最源头的工厂，设计和包装由我们自己进行。当下小轴斩钉截铁的表达方式让我怒火中烧，怎么会有人这么倔强，不听别人的理由呢？小轴则认为，我以领导身份压制他的想法。

这个时候，我们就采用了这个公式。我的描述是：“小轴，你刚才的表达让我有一个感受：我的建议你从一开始就不打算接受，这让我很愤怒。其实，我的观点是，专业的供应商团队，有助于我们降低时间成本，把更多的精力放到擅长的运营业务上。我的目的是，让项目快速跑动起来，用速度获取更多市场份额，从而得到更多的利润。”

听完我的表述后，小轴也表达了自己的看法："非黛总，你刚才的口气与表情，让我有一个感受：你并不打算听取一线员工的想法，你认为我们很幼稚、不成熟，所以我愤怒了。我的观点是，自己做设计和包装，只找工厂生产，能有效降低金钱成本，提高每单利润，从而达到我们的目的，提高整体利润。"

你看，大家的最终目的都是一致的，只不过因为情绪的影响，在语气、表情，甚至所谓的气场上，产生了冲突，最终会变成到底是选专业供应商还是选工厂的冲突，忘记了我们最初的目标。

所以，请引导者，将这条公式，写到会议室的玻璃板或者白板上：

说出感受 + 表达观点 + 阐述目的 = 信息对标

提醒所有成员，当冲突发生时，果断采用这种沟通方式，消除摩擦与隔阂。

4. 设定一个"暗号"，情绪不对时，引导者喊出"暗号"，然后启用非暴力沟通公式。

在我们自己的二次元短视频节目《贫道不平胸》的人设冲刺中，设定的"暗号"是"我真的不平胸"。每当我们因为意见不和，情绪越来越激动时，引导者——一个大胸的小姑娘就会大喊："我真的不平胸啊！"效果实在是不要太好，所有人瞬间像被放掉气的气球，笑完后启用非暴力沟通方式，解决刚才的争端。"暗号"是平稳情绪的按钮，当它出现时，所有人将被提醒：我们是为了一个共同的目标在解决问题，并不是为了说服彼此。

二、写出今日目标，绘制执行路径

现在，摆在大家面前，至少有2~3块大白板，条件充足的话，还有一个大屏幕，引导者负责将信息呈现在大白板上，记录员（平时打字快、记录信息扎实的小伙伴负责）用XMIND的记录和整理信息。

首先，我们在那块已经写了短期目标、长期目标、冲刺纪律、冲刺暗号的白板上，写下今日的目标：

周一　厘清数据现状，包括：运营现状、目标用户、行业情况

根据今天的目标，咱们开始绘制执行路径吧！

非常幸运的是，7天人设冲刺中需要了解的这3个情况，我们已经有了完整的执行路径图，大家根据各自行业的状态，进行增删。记住一个原则，了解这3个情况的目标，是为了帮你在周二做出用户画像，这个用户画像，应该包括一张心目中的用户照片、一个用户使用产品时的场景故事，即一张照片＋一个故事。

7天人设冲刺数据分析执行路径图如下。

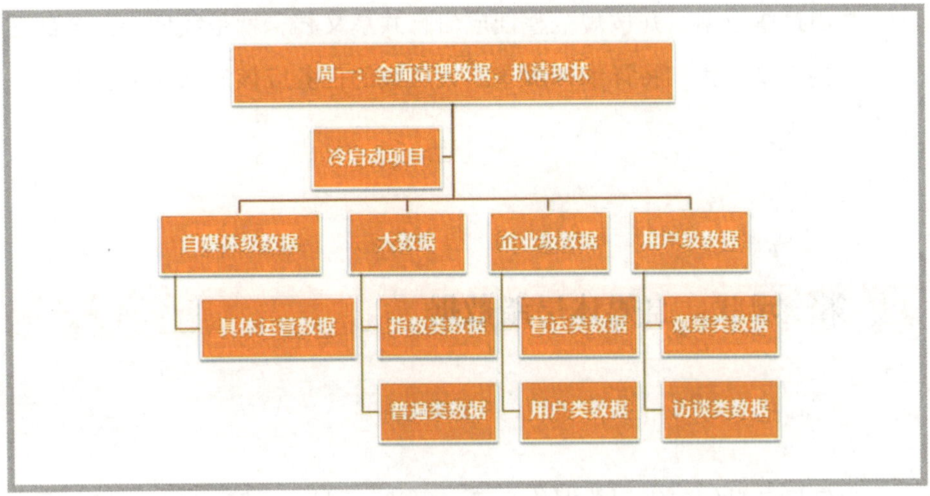

整个数据拼图，需要由四个层级的数据构成：**自媒体级数据**、**大数据**、**企业级数据**、**用户级数据**。其中，自媒体级数据在确认目标时已经详细拆解过了，后面的 3 个层级的数据，将在本章做详细的介绍与拆解。

这些数据，看起来似乎都很抽象，其实并没有那么复杂，我把每个层级再展开，大家就能看出完整的数据全貌必须由哪些元素构成。详见下图。

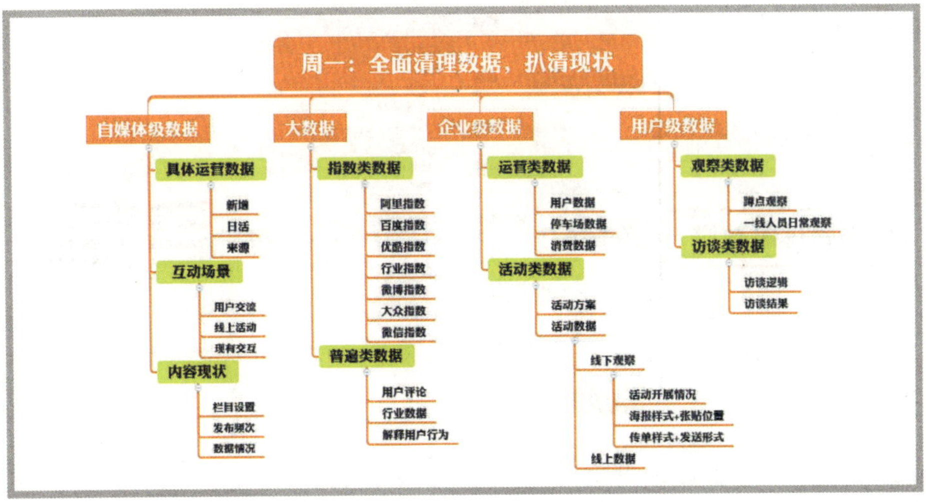

找出这些数据，并按规范整理成信息共享文档，就是我们今天全部的任务。接下来，我们将详细拆解这四大层级的任务应该怎么完成，都应该由谁来完成。

三、第一现状：自媒体层级数据

为何将自媒体层级的数据称为第一现状？因为它就是咱们要解决的主要问题，它的现状自然是第一现状。

自媒体层级的数据包括以下三大领域：具体运营数据、互动场景数据、内容现状数据。

在这里，要特别强调一下，数据并不指纯粹的指标、数量、概率等数字化的东西，而是包括数字化信息在内的现状信息统计，有可能是文字、图片等。

不妨一样用导图来了解一下每个领域包含的内容和意义。如下图所示。

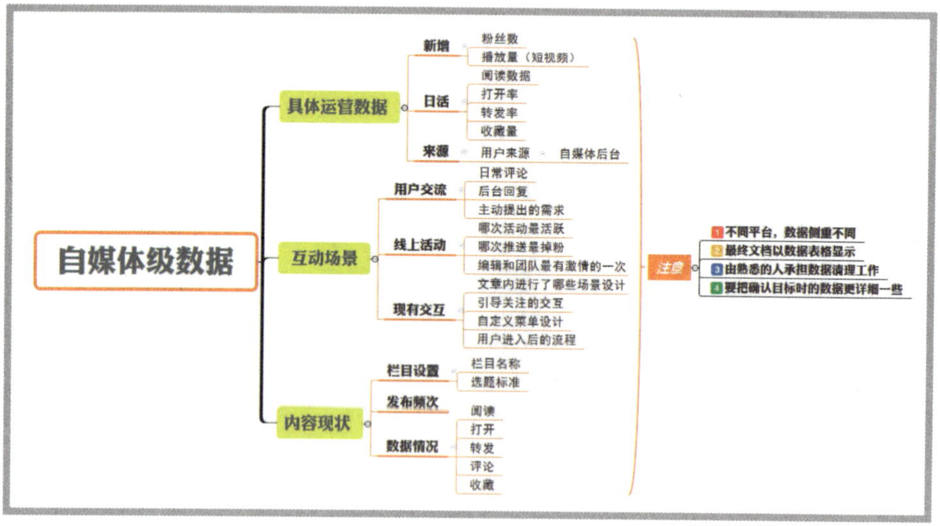

人设冲刺的每一天，本书均会提供大量的导图和表格工具，大家可以直接运用。这是本工具书的尊严。

1. 万变不离其宗

有人会提出疑问：有的自媒体是微博号，有的是微信号，现在还有头条号，这套数据整理方式，可以通用吗？

诚然，现在的自媒体平台众多，主流平台为微信、微博、今日头条。其中依旧以微信为首，它是大量企业、自媒体的首要选择；而在自媒体内容结构上，图文、短视频2种方式为主，少量以纯图片式（漫画类）主内容主结构。暂时，图文是大量从业者的首要选择，尤其是自身原创能力较弱的企业自媒体，但短视频的权重将越来越高，人们碎片化获取信息的方式从阅读变迁到收看短视频，毕竟在单位时间内，短视频所承载的信息量远超图文。有机会，也建议大家考虑对内容结构进行迭代，不妨考虑一下短视频。

无论选择哪个平台，采用哪种内容结构，自媒体运营的底层逻辑与方法论，依旧是建立好感——加强好感——传播好感的过程，万变不离其宗。

因此，7天人设方法论，适配任何平台、任何内容结构的自媒体，是一个底层方法论。至于数据统计方式，为什么要给出上面的那张导图，而不是直接给大家不同平台的表格呢？授人以渔，好过授人以鱼。如果直接给了表格，而不给逻辑，一旦平台运营规则发生变化，大家可能不知道要如何调整，作为一本有自尊的工具书，我可不能允许这种现象出现。

2. 一个扒得光溜溜的 MR. LR

LR 联合办公的自媒体平台主要放在微信公众平台上，对于很多企业来说，这个选择很明智：（1）流量在这里：大量的工作沟通与交流都在微信上，要交换信息，公众平台上的链接再方便不过；（2）用户在这里：服务于中小微企业，他们都在微信上，你还想去哪儿？

既然是微信公众账号，根据思维导图里的逻辑，结合微信公众账号里的关键指数，需要了解的新增、日活、内容结构就包括日常粉丝增长情况、掉粉情况、推文的栏目设计、不同栏目的打开率、阅读率、转发率、日常的线上活动以及活动的增粉、粉丝来源这些关键数据。LR 的现状表格出炉了，如下图所示。

LR微信公众平台数据现状表																			
粉丝数据				基本情况	内容结构及数据								数据来源				粉丝来源		
[illegible]	[illegible]	[illegible]	[illegible]	[illegible]	[illegible]	[illegible]	[illegible]	[illegible]	[illegible]	[illegible]	[illegible]	[illegible]	[illegible]	[illegible]	[illegible]	[illegible]	[illegible]	[illegible]	[illegible]
[illegible]	[illegible]	57	33	[illegible]	11日	LR社群丨融资100万美元 三只海龟有套营销引擎	LR社群	头条	[illegible]	[illegible]	34	[illegible]	55.1%	13.5%	25.7%	5.2%	5	40	3
		53	11		[illegible]	[illegible]	[illegible]	头条	[illegible]	[illegible]	71	[illegible]	[illegible]	[illegible]	[illegible]	[illegible]	11	37	5
		37	5		[illegible]	[illegible]	[illegible]	头条	[illegible]	[illegible]	53	[illegible]	11.4%	[illegible]	[illegible]	[illegible]	[illegible]	21	5

从数据表中，我们可以明显地看出粉丝的变动与内容结构的关系，同时还能看到阅读数据来源，从而看到运营动作，从粉丝的来源，也能看到不同的运营引导。

比如 11 日的《LR 社群丨融资 100 万美元 三只海龟有套营销引擎》，虽然阅读数不高，打开率也处于行业的平均水平（以当时的数据均值论），但数据来源结构十分健康，从公众号的会话中打开的占到一半以上，且文章内的二维码带来了 40 个新增关注，证明相对来说，这是公众号粉丝喜欢阅读的内容。此类文章转化率极高，符合用户调性，尤其是关键词：融资、营销引擎，正是联合办公所服务人群的痛点内容。

而 20 日的文章，则是典型的运营人员促发了打开率，来源朋友圈的数据占到了 83%，但内容又与用户痛点不相关，更多与集团利益相关，不难推测：大量公司员工参与了转发，也就是我们俗称的“广告”。从粉丝来源就能看出问题，新阅读转化为粉丝的量，在同样的阅读量级里，相对海龟一文，少了许多，毕竟有1034个阅读，才20个通过二维码扫进，转化率不高，吸引到相关用户的效率较低。

12日的李二狗一文，公众号会话与朋友圈均占据了数据来源的15%左右，好友对话则占据了73%，从文章内容和标题来看，它具有一定的话题性，有可能部分来源于入驻用户的转发：“今天这文章还有点意思。”（事后于访谈中验证了这一想法。）但是，当日由于文章的有趣性，LR的品牌得到一定量的传播，搜索的人多了一些，而感兴趣且索取公众号名片的也多了。

这还不够，我们仍然需要分析，除了内容之外，交互场景如何。我们取其中一篇文章来看：

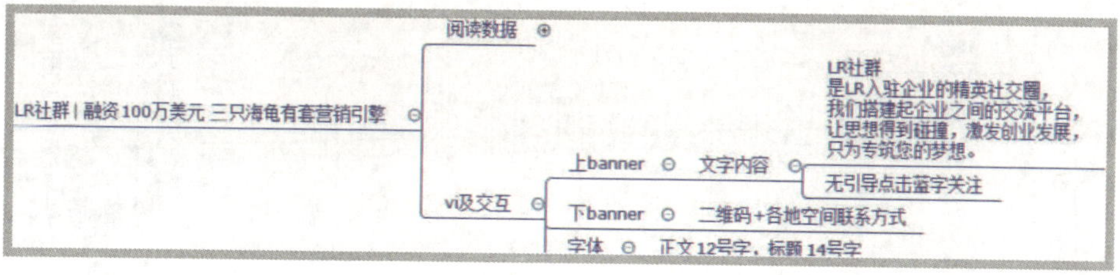

交互场景上，上banner被当作了硬广区，文字内容极多，同时并无设计动态图片引导点击蓝字关注，从粉丝的数据来源也看得出来，通过上方蓝字关注为0，因此不被统计在表格内。而下banner处，给到了一个可识别并关注的二维码，这里的来源有40个。因此，交互场景上的问题，也显示出来了。

整个LR的微信平台需要分析的数据、交互场景如下图，除用户分析与图文分析有上文的表格，交互场景主要包括功能介绍、自定义菜单、自动回复和人格化4个场景。如下图所示。

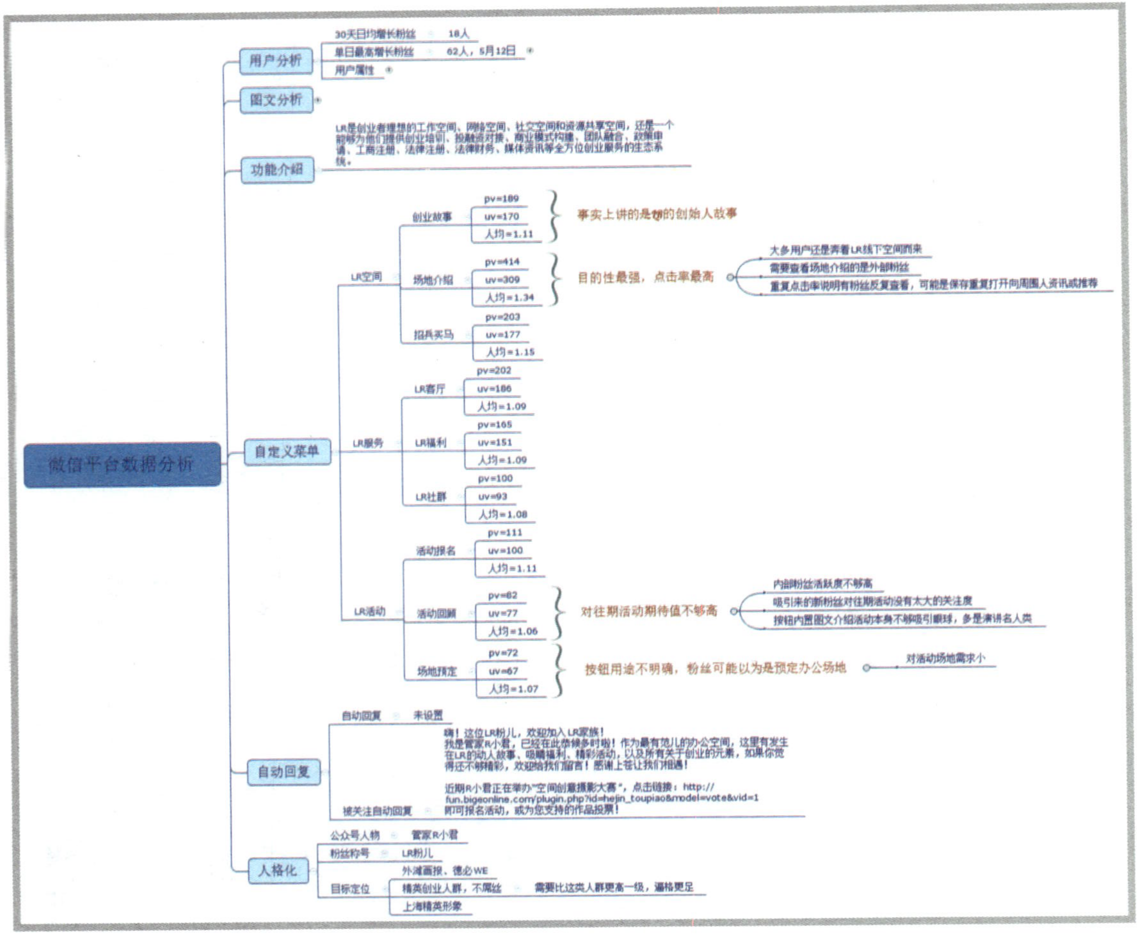
微信平台数据分析
用户分析
30天日均增长粉丝 18人
单日最高增长粉丝 62人，5月12日
用户属性
图文分析
功能介绍
LR是创业者理想的工作空间、网络空间、社交空间和资源共享空间，还是一个能够为他们提供创业培训、投融资对接、商业模式构建、团队融合、政策申请、工商注册、法律注册、法律财务、媒体资讯等全方位创业服务的生态系统。
自定义菜单
LR空间
创业故事
pv=189
uv=170
人均=1.11
事实上讲的是创的创始人故事
场地介绍
pv=414
uv=309
人均=1.34
目的性最强，点击率最高
大多用户还是奔着LR线下空间而来
需要查看场地介绍的是外部粉丝
重复点击率说明有粉丝反复查看，可能是保存重复打开向周围人资讯或推荐
招兵买马
pv=203
uv=177
人均=1.15
LR服务
LR客厅
pv=202
uv=186
人均=1.09
LR福利
pv=165
uv=151
人均=1.09
LR社群
pv=100
uv=93
人均=1.08
LR活动
活动报名
pv=111
uv=100
人均=1.11
活动回顾
pv=82
uv=77
人均=1.06
对往期活动期待值不够高
内部粉丝活跃度不够高
吸引来的新粉丝对往期活动没有太大的关注度
按钮内置图文介绍活动本身不够吸引眼球，多是演讲名人类
场地预定
pv=72
uv=67
人均=1.07
按钮用途不明确，粉丝可能以为是预定办公场地
对活动场地需求小
自动回复
自动回复 未设置
被关注自动回复
嗨！这位LR粉儿，欢迎加入LR家族！
我是管家R小君，已经在此恭候多时啦！作为最有范儿的办公空间，这里有发生在LR的动人故事、吸睛福利、精彩活动，以及所有关于创业的元素，如果你觉得还不够精彩，欢迎给我们留言！感谢上苍让我们相遇！
近期R小君正在举办"空间创意摄影大赛"，点击链接：http://fun.bigeonline.com/plugin.php?id=hejin_toupiao&model=vote&vid=1 即可报名活动，或为您支持的作品投票！
人格化
公众号人物 管家R小君
粉丝称号 LR粉儿
目标定位
外滩画报、德必WE
精英创业人群，不屌丝 需要比这类人群更高一级，逼格更足
上海精英形象

这些数据不难统计，在微信公众号的管理后台都有，而且现在的数据统计功能越来越强大，只要用心看，还有更多的数据能挖掘出来。

为何分析这四大数据？咱们还原一下用户的进入流程与逻辑。

场景一：功能介绍，给用户留下第一好印象。

就在微信公众号的介绍页，上面除了名字、功能介绍外，还有关注该账号等按钮，无论用户通过什么渠道、途径和手段进入到这一页面，让人毫不犹豫地产生关注的念头，我们能发挥的就只有功能介绍一途了，把用户关注后能获得的好处，更直白、更浅显、更简单地表达出来！

当然，名字也非常重要，一个充满硬广味道的名字，如“某某贸易公司官方账号”，除非有十分必要，正常普通用户不会选择关注，但，如果是“贸易知识大全”，相关行业的用户就能被吸引进来了噢！

场景二：被关注自动回复

当用户进入到公众号内，他将收到一段自动回复。这段回复是有技巧的，它能引导用户到你希望他去的地方，或者引导他回复相关关键词，产生第一次的紧密联系。

在本次分析中，我们可以看到LR联合办公，设定了一个链接，请用户参与自己的活动，这便是交互场景，直接给了用户入口，处理得还是不错的。

场景三：自定义菜单

许多用户在进入公众号后，如果没被引导产生其他交互行为，为了了解企业相关情况，会根据自定义菜单按钮上的提示，进行点击了解。从上图的数据上看，LR的自定义菜单触发率一般。纵比一下，场地按钮的点击率高于活动按钮，也意味着新用户对自己的需求“寻找好的办公场地”，十分明确且清晰，至于活动，是入驻后的用户才关心的，并且，用户并不关心以往办过的活动（仅 77 个点击）。

这张图里，还有暴露了许多其他问题，大家不妨做个简单的小作业，用 XMIND 分析一下。

场景四：整体人格化及文章中的人格化体现

我们反复强调过，人格化是极容易与用户拉近关系的。但是从上图来看，这里有一个致命问题：有谁喜欢一来就被定义为你的粉儿呢？因此，大家注意了，敲黑板：请不要在自媒体初始阶段，就将关注你的天使用户称为某某粉，除非你是一个非常有魅力的人。现在许多明星都不再这么直接称呼粉丝了，年轻的互联网原生用户，十分反感这个词。

一样有个作业：分析一下这个人格化数据所存在的问题，有很多都是此前提过的噢！

活动分析：

LR 当时的活动，一来基本都在线下，并入企业内数据分析；二来没有调用微信的交互机制，只是简单地活动预告图文发布，通过自定义菜单导向活动进行报名，大家也如看广告一般，看完活动发布的内容就算了。没有开放交互入口，无从收集用户的态度，只能通过阅读量判断用户是否感兴趣。自定义菜单中的活动报名按钮，也是导向活动预告图文，数据量一般，大量活动参与者来自线下运营人员对创业团队的邀请，无法从线上数据进行判断。

其实，你宁可让用户在后台大量地留言，无论是抱怨还是什么，也好过他们不与你交流。

此处的活动分析数据：把你的基础判断和数据截图录到文档中。

用户分析：

值得一提的是，微信公众号后台还有详细的用户分析，包括使用机型、所处城市、所处地区等。这些现有用户的画像，能让你对自己的天使用户有个准确的判断。简单举个例子，如果关注你的用户在北京的人多，在标题上增加“北京”二字，是不是比不增加更能刺激他呢？

用户分析不复杂，可以直接从后台导出，或者查看后台的截图。其他自媒体平台也具备这个功能。

自媒体级数据展示文档：

一份自媒体运营现状数据表格、一份用户分析数据截图、一份场景分析 XMIND、一份活动描述文件（WORD）

执行人选：为内容专家——自媒体主编、编辑（内容运营）、文案策划

他们参与了日常运营，对数据最具有敏感度，拥有自己的洞察力，来执行这个数据清理工作，再适合不过了。

可能困难：

在这个环节，最有可能面临的困难是：从0开始的冷启动团队，完全没有现状数据可参考。或者是某个场景里完全没数据，比如LR联合办公的线上活动部分。怎么办呢？

没有数据，就意味着没有设限，尽你的可能去努力，别害怕。

如果一定要有对标数据，去找你的竞品，统计一切你可见的数据，按上述方式进行整理。

某个场景没数据，但如果存在这个场景，证明此前大家要么想过这件事，要么做过这件事，记录下当时的思考过程和执行过程，这也是一种数据。

四、全平台清洗与用户有关的数据

要全面了解用户，并不容易，需要“海陆空”三军齐发，全方位了解。既要有指数级的数据分析，又要有智库们对行为的分析，还要有具体的点评数据，更要有我们自身与用户交互的数据。为了周二能完整地构建出目标用户画像，我们需要通过：空——大数据级数据，海——企业级数据，陆——用户级数据三个层面继续深入了解用户。

1. 空军：大数据级

大数据级的数据整理，是为了判断整体人群的行为轨迹，就像在天上看着地上人群的迁徙一般，是为“空军”。

“空军”有 2 类数据需要搜集及整理：指数类数据、普遍类数据。

大家可以根据自己所处的垂直行业，对不同的指数进行调研、收集。具体分类和每个渠道，请看下图：

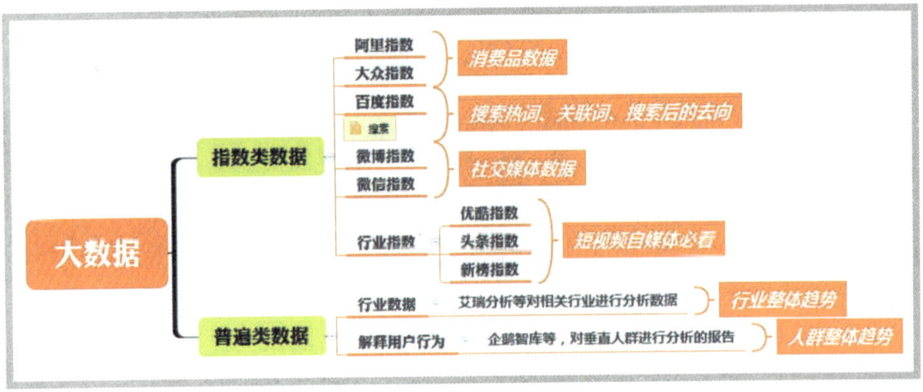

指数类数据

指数类数据包括消费指数类、搜索指数类、社交媒体指数类、专业领域指数四种，大家根据自己的情况而定做选择。一般来说，除最后一个短视频自媒体必看的指数外，非短视频领域的自媒体，对前3个指数都需要做了解与整理，短视频自媒体则4个都需要看。

专门观测**消费品类数据**的：阿里指数、大众指数；

直接百度，进入“阿里指数”，就可以好好利用这个大数据工具了。输入你的行业或者分类关键词。比如，研究“星座秘语”的桃花手链时，我们就输入了水晶、手链等不同的关键词，可以看到上升榜、热搜榜、转化率榜、关键词榜，等等。

最早阿里指数还是淘宝指数，能看到众多的信息，例如，购买者大部分的地区分布、省份分布、购买行为频次、星座喜好，等等。好可惜，不过，判断大方向，阿里指数也够了。

大众指数，是指大众点评上的人气指数，如果你从事线下实体行业，包括餐饮、休闲娱乐场所等，这个是相当值得去研究的。不管上面有没有刷量，为什么他能排到那个名次，大家都喜欢什么，一定要去看看。

文档格式：指数类数据分析，落成WORD文档，内容结构为：相关数据截图、思考点评、相关用户属性等。

研究用户搜索（主动需求）类指数：百度指数

搜索百度指数，进入百度指数官网，设定和我们企业、行业相关的关键词，输入关键词后，百度指数会跳出趋势研究、需求图谱、舆情洞察、人群画像，其中要特别看一下需求图谱里的来源检查词、去向检索词、搜索指数、上升最快4个榜单。

来源相关词：

作用说明：反映用户在搜索中心词之前还有哪些搜索需求。

算法说明：过滤出中心词上一步搜索行为来源的相关词，按相关程度排序得出。

去向相关词：

作用说明：反映用户在搜索中心词之后还有哪些搜索需求。

算法说明：过滤出关键词下一步搜索行为来源的相关词，按相关程度排序得出。

搜索指数：

作用说明：反映中心词所有相关词中搜索指数热门的关键词。

算法说明：通过计算中心词的所有相关词的搜索指数排序得出。

上升最快：

作用说明：反映中心词所有相关词中搜索指数变化率上升速度的排名。

算法说明：通过计算中心词的所有相关词的搜索指数，在指定时间窗内的环比变化率排序得出。

社交媒体类指数：根据主攻平台而定

社交媒体类指数主要平台有**微博指数**、**微信指数**，前者用PC端搜索"微博指数"即可，后者用微信手机端在微信搜索"微信指数"，进入"微信指数"小程序。两边都可以看看，选择自己需求的信息入档。

社交媒体类指数，主要是用来研究用户近期关注的热点、制造的内容是否与用户人的需求方向契合，对内容打造具备一定的参考性。

也推荐大家关注一下**"新媒体排行榜"**这个网站，从上面可以获取不少最新的排行信息，对自己的运营提供参考方向。

短视频类指数：看选题、人群和跳出点

随着自媒体行业的不断发展，短视频类自媒体在2017年迎来了爆发期。

中国网络视频指数、腾讯指数、爱奇艺指数、搜狐指数等各大视频平台都打造了属于自己的视频指数平台，大家可输入自己节目的名称、竞品的名称，查看数据和用户构成情况。

几个重要分析：

播放趋势

视频热播趋势、设备与地域热度分布

视频看点

基于图像识别技术的场景、明星看点分析

舆情分析

爱奇艺平台内观影与社交UGC分析

受众画像

观影用户自然属性、兴趣偏好

普遍类数据

包括**行业分析数据**、**用户行为数据**，这2种数据类型都十分好找。

行业分析数据，一般艾瑞、麦肯锡之类的大型咨询公司，每年都会对外发布各行业的分析数据，现在腾讯、阿里、网易、搜狐等，也都会时不时发布整体分析报告。

用户行为数据，具体是指，根据此前自媒体数据整理、指数类数据整理后，大致对用户年龄分层有个基本判断，根据这个判断，去寻找关于他们年龄层的分析数据。一般企鹅智库会提供定期更新的数据分析结果，百度、搜狐与网易也会提供部分。

文档格式：普遍类数据考验的是搜索能力，如果你能准确地找到相关分析，那么一般有成型的 PPT 文档可以获取，或者是数据图表类型的文章，都可直接与小伙伴们共享。

小贴士：最好不要把找到的分析文章链接散落各处，用浏览器的书签功能存储，新建一个“普遍类数据”的书签分类，把链接都存进来。开会的时候，直接打开该分类的所有链接即可。

更高的要求：大量的数据，在第二天解读起来也是痛苦，保存好这些资料，从中抽取出匹配自身情况的数据，整理成一份完整的 PPT 文档，这是一个优秀人才会主动做到的事。

2. 海军：企业级数据

企业级数据分析，以下 2 种场景必须整理，再多困难，再多部门沟通，都要去整理，否则一定会出问题：

场景一：为甲方提供代运营服务的自媒体团队；

场景二：企业自营自媒体，BOSS 将自媒体定义为自有的发声渠道。

具体需要整理什么数据，上图了：

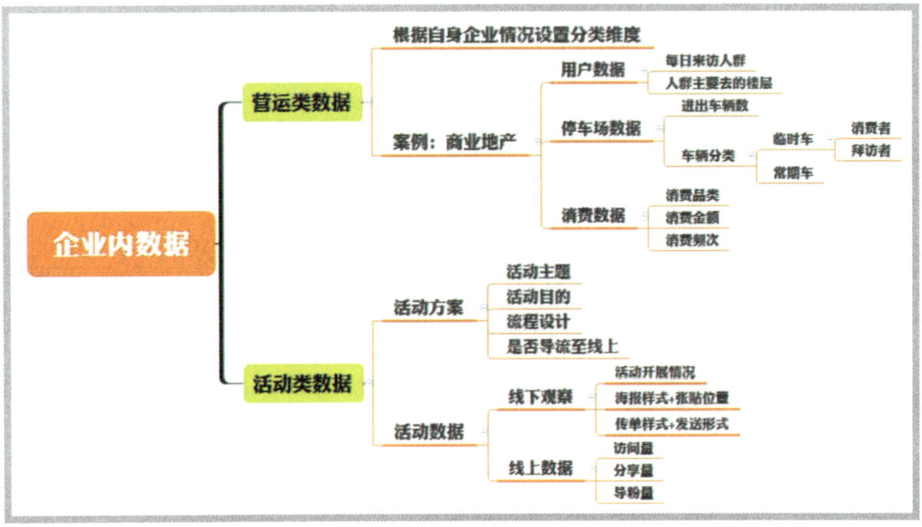

营运类数据：用户与企业发生交易关系的场景与频次

适配城市综合体、商场、联合办公、小区、学校、影院等实际有线下空间在运营的行业，企业本身就有营运部门在关注消费者的动向，现在请在分析原先的营运数据时，稍微转换一下视角，把“消费者”3个字转换为“用户”，无论他是否付费，只要他与企业发生接触关系的场景与频次，都要做统计与分析。

从某种程度上来讲，营运类数据统计的是用户主动与企业发生关系的场景和频次。还有另一类数据也很重要，就是用户被动、企业主动。

活动类数据：用户被企业勾搭的场景与频次

活动类数据就是用户被企业主动勾搭的场景与频次。

此前在给一些商场、小区、学校等客户提供服务时，大家常分不清营运类数据、活动类数据有何区别，在一些公司里，营运就囊括了活动。因此，我们将营运、活动分为企业被动、企业主动，立刻清晰了很多。

因为要引导更多用户，无论是拉新还是促活，企业需要主动提供动作刺激用户，那么我们常用的就是各种形式、各种类型的企业活动。

活动类数据主要包括：**活动方案**、**活动数据** 2 种，其中活动方案是用来分析市场团队平时的思维方式、常用资源；活动数据是用来查看执行方式、执行细节。如果可以，大家最好线下实地查看，比如一些海报的投放位置、海报设计情况，直观地走访有助于了解。

比如我们在服务某国内大型国企地产旗下的商场时，就发现了以下的情况，见下图。

分发了2000份海报，引导阅读仅100多，如果不拿到海报，通过对方的口述，我们也无法得知具体的细节问题，无从问诊。

上图的问题更明显，我点出其中一个，其他的问题大家可以做个作业分析一下。

最典型的问题就是右边这张送4小时停车券的海报，本来是一个很好的导流行为，但我们在走访时发现，在这张引导图的上下左右，5米见方的范围，都没有给用户二维码。即便有再大的诱惑，少了入口，就意味着用户需要自己搭桥进入，体验是相当不好的。

类似这种企业类数据，只有在收集齐全后，才能完成我们面临现状的其中一块拼图。

3. 陆军：直观类数据

所谓的陆军，就是实地观察、访谈或者直接查看各大渠道上用户真实的评论，不再是看着数据曲线讨论。我们特别喜欢陆军进攻，因为它能协助完成拼图中最重要的一块：用户真实的反应。

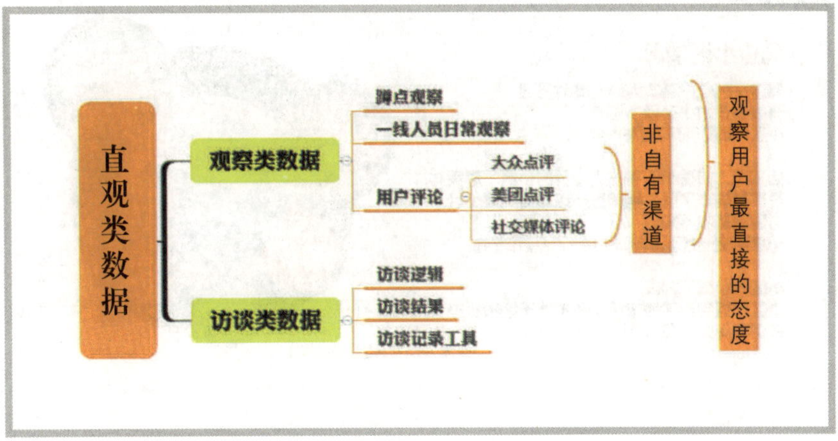

陆军第一大要点：观察类数据

再次以上文提到的“不给二维码商场”举例，在蹲点观察中，我们在几个不同的时间段，在各大商场的出入口观察了人群的出入情况，包括走访四周的小区、写字楼，对人数进行了大致统计，这些人群已经和企业发生了关系，或者离企业地理距离非常近，是特别值得拉拢的人群。具体见下图。

商场情况：

人流集中时间为中午11:00-13:30，晚上17:30-20:00，早上及下午人流量较小。工作日每天下午16:30会有妈妈带着小孩子经过商场

消费者目的性强，在商场内消费完饮食后，20分钟内会离开，不会在商场内再做停留。消费人群以家庭为主，周末及节假日人群会较多

周末商场内及广场上小孩较多，为周边小区的小孩

周边小区情况：

周边小区住户基本为[illegible]本地居民
有很多是为小孩读书搬来
小区内周边配套较为齐全

仙洞苑、松岳小区等临近[illegible]的小区，居民对悦享有基本了解。稍微远一点如仙阁里小区，对悦享基本不知道
一套两室一厅租金在2000~2500元左右

小区内小孩非常多
小区内有自己的停车场，基本处于饱和状态
车辆品牌大约在10万~20万元左右

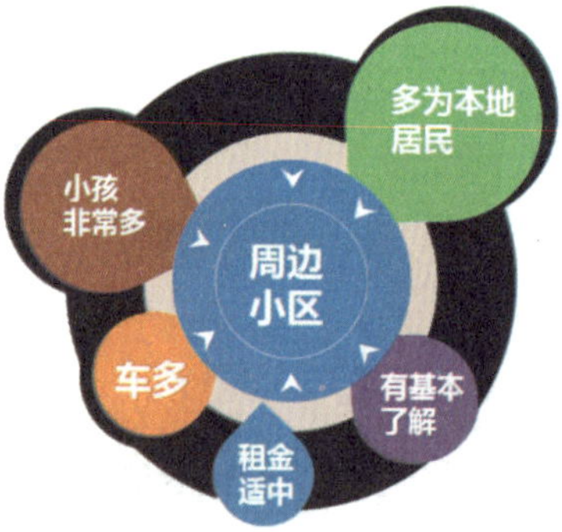

写字楼情况：

写字楼有白领约2000人，入驻公司约80家，早餐基本路边小摊

午餐叫餐或在附近解决，晚餐回家吃，周末会在SM或悦享聚餐

车子品牌在10万~20万元之间，车停放在地下车库，约有20人办理了洗车年卡

你可能要说，7 天人设冲刺，咱们这第一天，哪有这么多时间去统计？诚然，如果可以的话，尽量还是抽出 1~2 小时的时间到咱们的线下空间走走看看，拍一些照片回来。

如果平时的一线市场人员、一线销售人员有良好的收集数据、整理数据的情况，那就再好不过了。

另外，如果企业提供的是消费服务，那么大众、美团等消费 APP 数据上，一定留有用户的评价与反馈。截取下排名前十、认同最多或者被其他用户点赞最多的评论，有助于你认清自己，如下图所示。

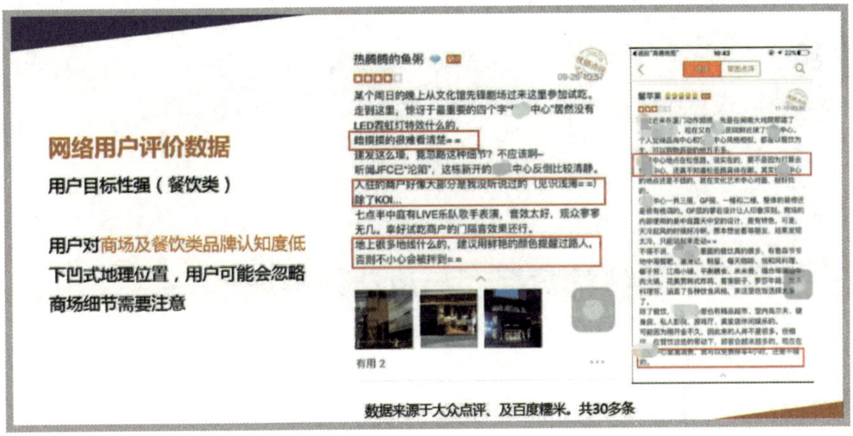

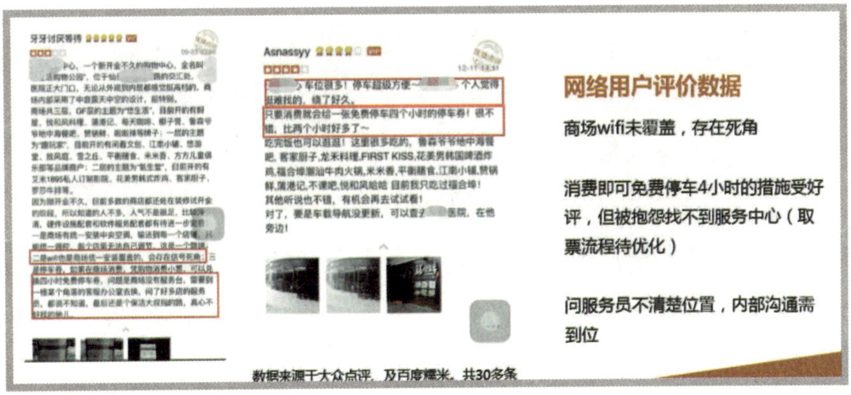

这些真实反馈，特别珍贵，请一定要花时间收集。

陆军第一大要点：访谈类数据

访谈类数据可能会是今天最消耗大家时间的一块，具体如何进行定性访问和定量调研，建议大家可以看《用户力》这本书，重点是，访问不是要问到用户答案，因为用户自己根本也不知道答案。而是在访问的过程中，观察他的表情、动作、眼球转动。

在7天人设中，最好的节约时间方式是，请客服人员列出平时用户最常问的十大问题，最常提出的十大抱怨以及有时可能会提出的表扬。

执行人选：市场专家、客服专家、拥有强搜索能力及信息查找能力的小伙伴。

文档格式：PPT文档，可有逻辑地展示图片、内容和数据。

五、小结：一边清洗数据，一边总结推理

今天要收集的数据非常多，引导者要清楚每个参与者的特长，给大家分配不同的任务。例如，客服去统计用户反馈，是最快的；而自媒体运营统计自媒体数据，也是最快的；毕竟都是平时的工作内容。

较为头疼的是大数据问题，可以请市场专家、营销专家来从事这个工作，在这个岗位上的人，平时多数也要了解行动的趋势和动向。

另外，今天在清洗数据的过程中，一边总结推理，无论用什么文档整理数据，最好根据我上文的建议文档，以期在周二的时候，大家一起分析、拼图。

CHAPTER 2

周二：画像日

7天人设冲刺进入第二天。经过周一的“清理日”，今天要进入“画像日”。我们必须清楚的是，这一次的画像只能是模糊的画像，就像谈恋爱一样，不知道自己要与谁谈恋爱，只知道哪一类人可能是我的“菜”，哪一类人一定不是我的“菜”。从“清理日”的数据中，能拼出的有性别比例、大概年龄层、星座比例、喜好、行为惯性等；另外，还要注意，用户层级分为粉丝用户、目标用户、普遍用户，要根据不同的用户层级，为他们打造不同的服务。

7天人设冲刺进入第二天。经过周一的“清理日”，今天要进入“画像日”。我们必须清楚的是，这一次的画像只能是模糊的画像，就像谈恋爱一样，不知道自己要与谁谈恋爱，只知道哪一类人可能是我的“菜”，哪一类人一定不是我的“菜”。从“清理日”的数据中，能拼出的有性别比例、大概年龄层、星座比例、喜好、行为惯性等；另外，还要注意，用户层级分为粉丝用户、目标用户、普遍用户，要根据不同的用户层级，为他们打造不同的服务。

“女生对星座的关注程度真是超级无敌高，69%！”小辰在整理数据时大声嚷嚷。

“这不是正常嘛？你们高中的时候难道不会到处查，自己的星座和校草的星座配不配吗？”小轴取笑道。

“那倒是，现在来问的最多的问题，除了运势之外，就是星盘配对问题了。”

在“星座秘语”的人设冲刺中，“画像日”的这天，类似对话经常出现。

我们已经把所有数据用PPT、WORD、XMIND等文档组织完毕，接下来就是对用户进行大概画像。

性别：女性居多

“星座秘语”的后台粉丝分析的数据中，女性比例72%；在百度指数上，女性搜索比例占比58%，如下图所示。

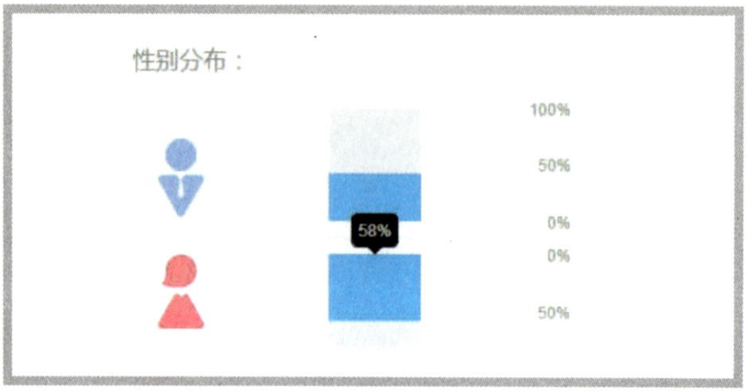

而在微博指数上，女性占比 69.62%，如下图所示。

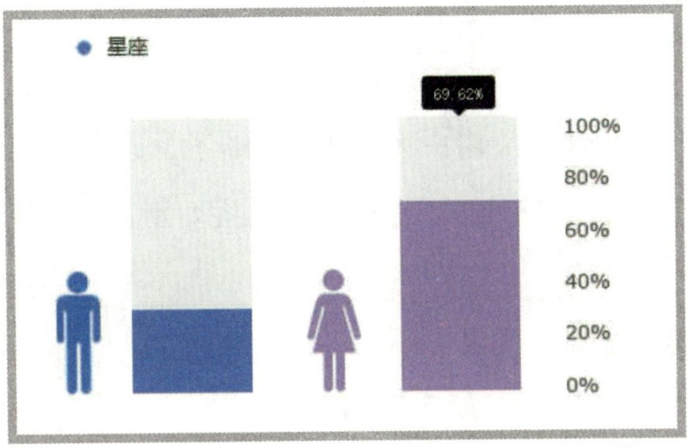

这是一个极简单的推断：在社交网络上，女性比男性活跃，尤其是较为女性向的内容，因此微信、微博上的数据，女性的占比高于男性；而百度指数上男女比例趋于平等，有部分原因是百度未强制登录，无法完全抓取用户属性，包括年龄也是同理。但百度指数值得参考的，便是用户对相同领域的认知需求。

年龄：青少年为主

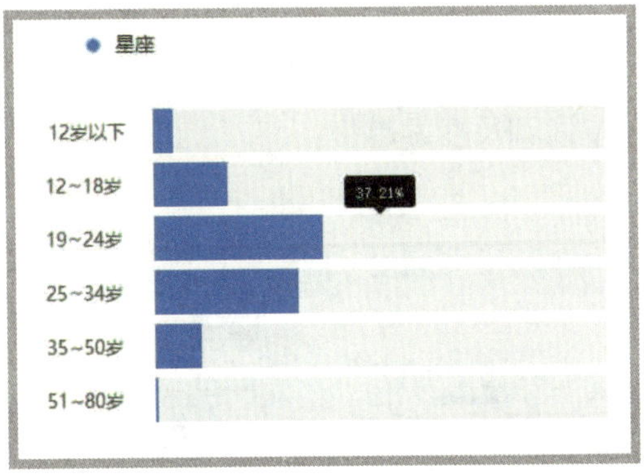

在“星座秘语”做人设冲刺的那一年，淘宝指数还未变身为阿里指数，数据涵盖的数量极其丰富，包括年龄、星座等分析，因此做起来十分得心应手。比如，关注星座类问题的，以 19~24 岁的人群居多，而关注星座问题的十二星座中，以双鱼、天蝎居多。如上图所示。

从这两个维度，我们的用户画像就更清晰了。

那么，现在没有淘宝指数的我们能怎么办呢？别急，一会儿我会具体说。

需求：运势、配对、代表

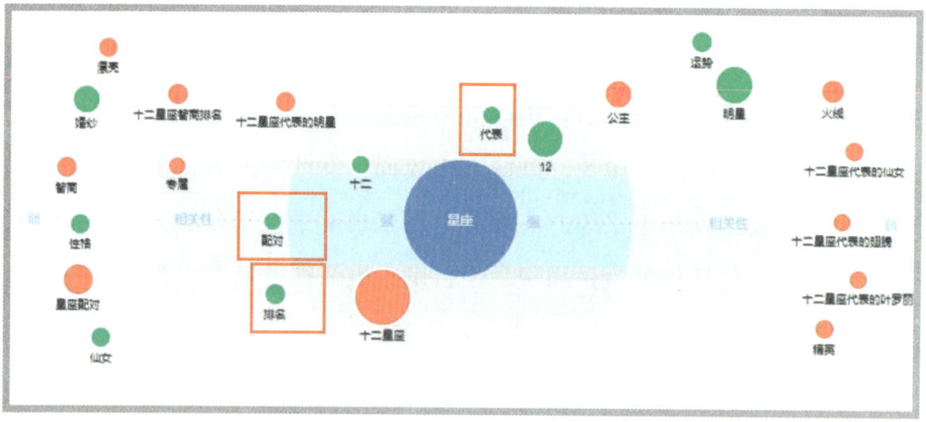

从上图可以看出，最靠近中间圆圈，即是用户需求的强弱程度，从结果来看，十二星座的相关关键词，除了十二、12、十二星座外，较为稳定居中的便是代表、配对与排名。

再看下图相关搜索词及搜索趋势：

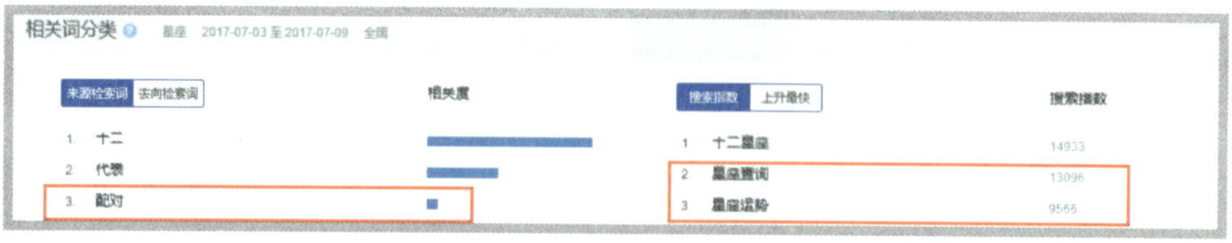

除核心检索词外，最能体现用户需求的便是星座查询、星座运势、代表、配对。

从中我们能得到什么呢？

“星座查询，一般是无法确定自己属于哪个星座，或者对方属于哪个星座，输入这个词进行对照确认，只有确认完星座之后，他才会通过社交媒体、自媒体，开始对这个星座进行了解。也就是说，用户的这个行为，是需求链条的第一环节。”小轴作为运营负责人，对这个数据情况进行了清醒的分析。

“没错，另外几个呢？”设计师陈家担任了引导者的角色，他沉稳可靠，是大家公认可担任引导者的同事。

“代表并不是指人，而是指能代表各自星座的物件，比如十二星座代表的手链、房间等，也有一些是人物、动物、物品……哪些能代表哪个星座的性格。用户希望通过物品来进行自我标签化，这类行为更多在少年群体中出现，因为直接说星座，直观程度可能不如说天蝎座的代表颜色是黑色来得更容易理解。”小轴一番冷静的发言，引发整个会议室热烈的掌声。

那小轴到底是怎么发现这些现象的呢？其实再简单不过，他说，就是将“星座”“代表”这 2 个关键词，输入搜索，从结果就能得知大致的情况了。

行为轨迹：深夜查配对的多，月底催更下月运势

行为轨迹除了上面的需求分析外，还能看自媒体后台的用户具体行为。

需求可以从大数据得知，行为可从观察类数据上得知。行为可验证需求，需求对应行为。

从“星座秘语”的后台回复信息统计来看，在深夜十一点、零点，发送配对查询关键词的用户居多，而每月月底，26 日开始，就会有用户催更下个月的星座运势。

地区：广东关注星座的多，北京也不少

从微博指数来看，发表博文中带星座关键词的比例，北京占 8.38%、广东占 7.03%、江苏占 5.34%；从百度指数来看，广东独占鳌头，北京紧随其后，其人口基数占很大原因，城市化进程较快，也使得关注人数偏多。如下图所示。

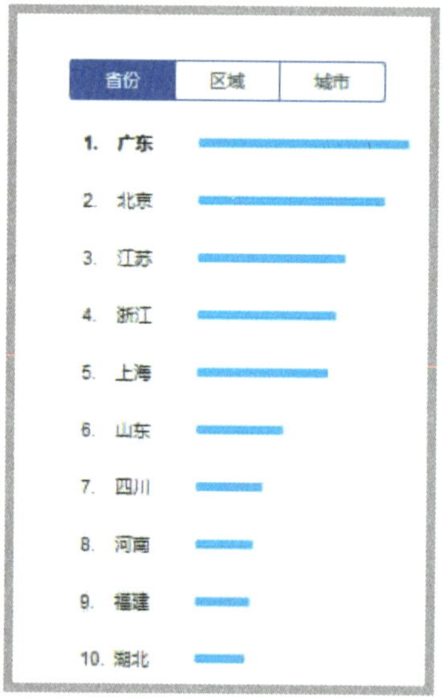

百度指数还将地域分为省份、区域、城市 3 个维度，在“星座”这个关键词上，华东区域整体关注度全国领先，从城市维度上看，北京则独占鳌头。

这些数据背后当然还有更多信息，对自媒体来说，内容选题便有了很好的参照指标：多了解这些地区的人们关注何种信息，靠近他们的需求。

以上说了几种数据整理的方式，经过一天的梳理，“星座秘语”的用户画像逐渐清晰，它包括：性别、年龄、星座、收入（模糊）、需求、行为轨迹几方面。“星座秘语”是自媒体，数据统计的工作在日常便比较完备，值得学习和参考，但对于一些萌芽期自媒体、企业自媒体，那应该怎么办呢？

接下来，我们便一步一步来推理“嫌疑人 × 的现身”吧！

第一节　从周一整理的数据中，开始推理“嫌疑人”画像

萌芽期的自媒体，完全可以参考上文提到的“星座秘语”推理方式，无非就是少了自媒体目前本身的数据，但可以从更多的第三方报告中，得知更多用户的需求。

若是区域型自媒体还需要针对报告中对区域人群的分析，判断流行文化抵达的时间段、流行趋势的接受程度，更适当地提供内容。

我们在上一章说过，最让人痛苦的不是自媒体企业本身的人设打造，而是：

场景一：传统企业自身的自媒体运营

场景二：传统企业内部转型创业项目的自媒体运营

场景三：乙方为甲方的自媒体运营服务

这一节，我们可以通过 LR 联合办公的“嫌疑人”推理，来学习如何从日常营运数据中看出端倪。

根据第一章的数据地图，经过 1 天的努力，我们收集了下图中大部分数据。

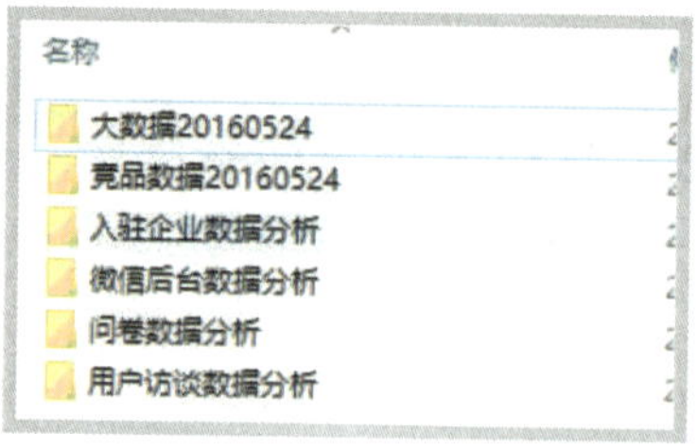

此处自媒体级数据，主要指微信后台数据分析，同时根据目标：成为平台型账号，我们新增竞品数据分析一项。

大数据 + 访谈：勾勒用户需求，发现用户不满

现存问题：PR 过多，关注用户太少

LR 联合办公，作为一个较新的产业，在各大搜索平台上能看到的大部分是 PR 数据，调研结果也验证了这一想法。

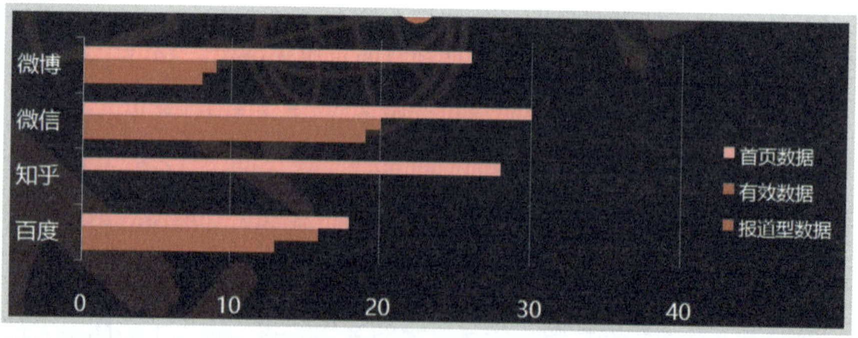

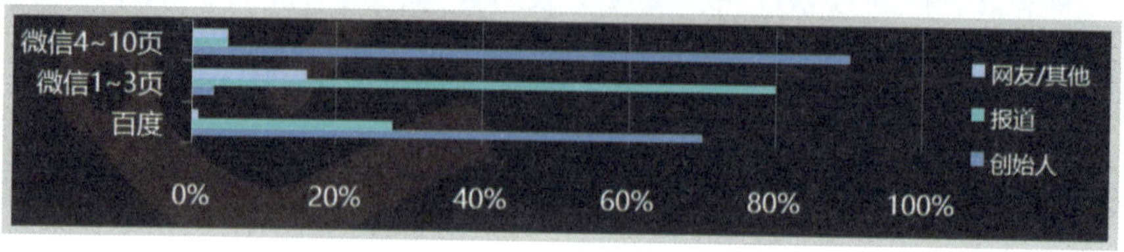

从上图已有数据来看，LR 前期品牌宣传工作已经初有成效，大量报道类文章将关键词首页占据，可以说 PR 工作做得相当好。但属于单向性宣传占据 99%，在互联网时代，用户更愿意参与，而非被灌输，单向性品牌推送很难引起用户兴趣，完整阅读、转发、消费。

人群结构：

大型公司的分公司办事处、中小型公司、初创团队

LR 的用户为入驻企业，那么人群画像不是个人的生活身份，而是其职业身份，面对的需求更多是职业身份的需求。

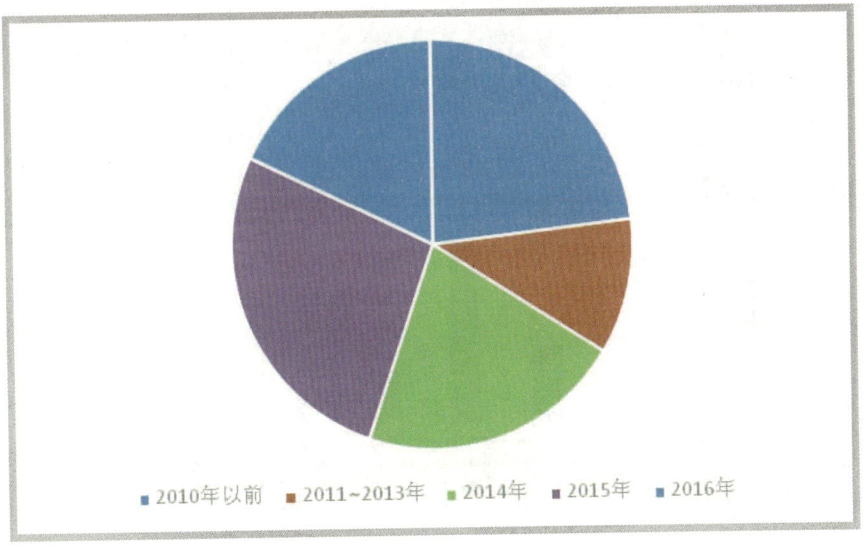

从上图可以看出，公司成立 6 年以上的公司占比 23%，成立 3~5 年的公司占比 11%，成立 2~3 年的公司占比 21%，成立 1~2 年的公司占比 27%，成立 1 年以内的占比 18%。

从公司人数来看，中小型企业及大公司的分舵占多数。

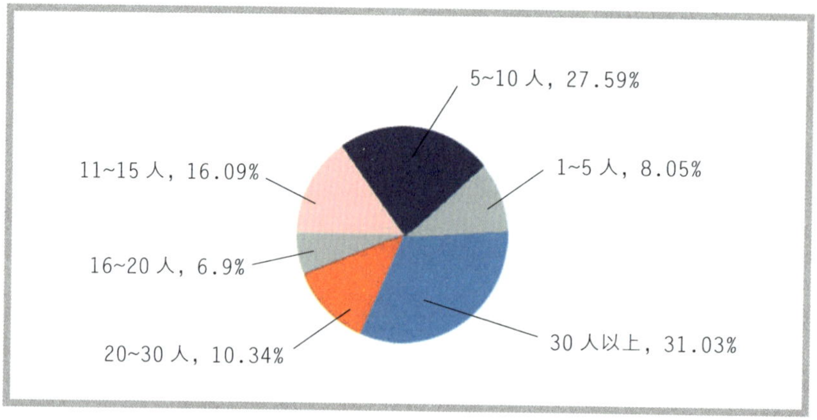

从上图可以看出，公司规模 30 人以上及 5~10 人的规模占比最高，总占比约 58.5%，其次 11~15 人规模占比约 16%。

年龄结构：35 岁以下年轻人为主

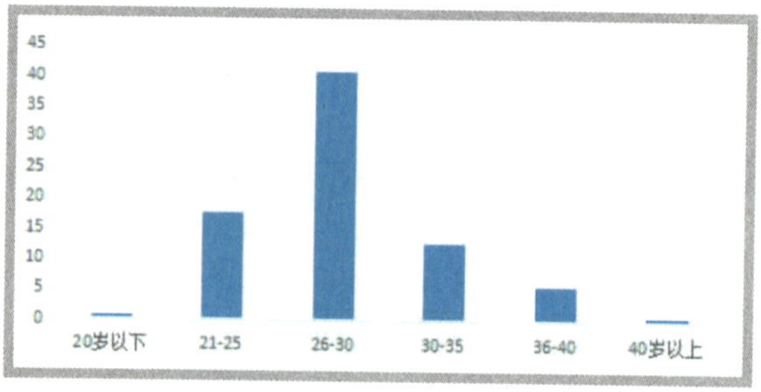

如上图所示，调查用户中以 26~30 岁为主，占比 47%，21~35 岁用户占比 71%。年龄结构决定了话语体系、审美风格体系。

相应人群痛点：第三方分析报告 + 访谈结论

我们通过一份第三方分析报告，得到在 30 岁左右的创业人员创业上最大的痛点数据统计，如下图所示。

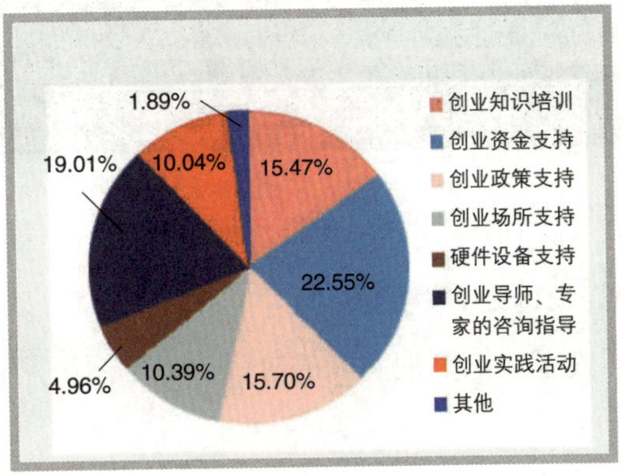

另外，经过我们走访SOHO3Q、未入驻联合办公创业者、已入驻创业者，得到了他们的一些需求，如下图所示。

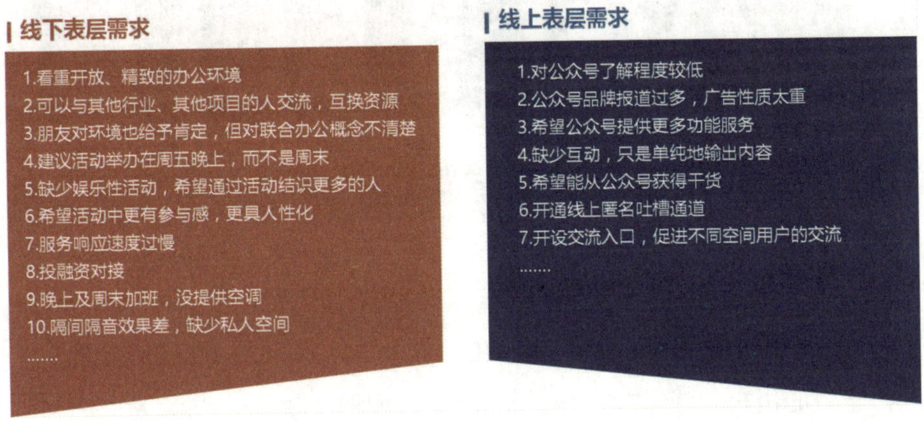

微信后台：灌输广告不如活动带粉量多

从微信后台数据来看，单向性品牌推送带来的单日增粉数不到活动型图文的1/5，而用户多来源于活动较多的厦门地区。如下图所示。

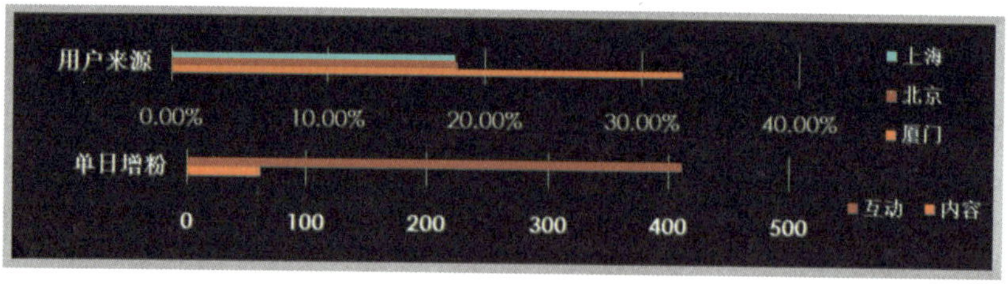

刷手机的时间：21：20 发更好

我们同时还调查了大家刷朋友圈的时间，如下图所示。

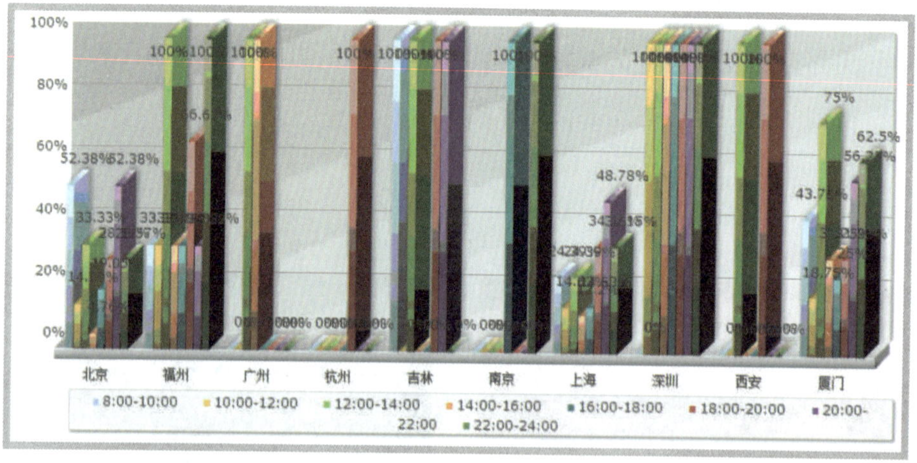

北京的用户，更经常在 8：00~10：00 及 20：00~22：00 刷朋友圈；

上海的用户，更经常在 18：00~24：00 刷朋友圈；

厦门的用户，更经常在 12：00~14：00 及 20：00~24：00 刷朋友圈；

从重叠的时间中，我们定了个 21：20 的时间，正好能覆盖所有用户，同时也让大家更具记忆性。

第二节　特别提醒：万不可轻视星座

如果说自媒体上传播最快最广的几类文章，星座肯定能排进前三。

很多运营朋友对星座这种东西嗤之以鼻——一个骗人的东西，不晓得为啥这么多人转发。这种不晓得，就让你陷入了一个比较危险的境地了，当你不了解用户为什么喜欢一样东西的时候，就意味着逐渐在与用户脱轨，脱轨就意味着会被淘汰。

而在7天人设中，星座的调研和了解更为重要。大家想一下，星座最容易让人对号入座的是什么？——对，我是××座，所以，我就是这样的人咯。

星座标签：用流行的话语体系对话

人们用星座在给自己打标签，而了解了人们的标签，才能相应地知道，

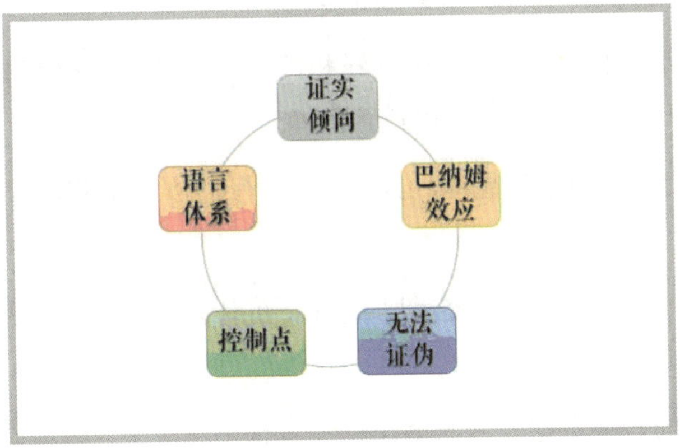

什么样的人设才可能吸引到他。星座不一定是科学，但流行一定有道理。星座可以流行这么多年，有 5 个很重要的原因。

我们在书里，就不讲那么多了，重点说一下语言体系部分的内容：

如果你恰好是一个“会撩妹”的人，那么你应该比我更清楚，打开女生话题的一个经典办法就是和她聊星座。

这才是星座最成功的地方——它构建了一整套为大众所接受的语言体系。

这也是 7 天人设建立的基础之一——大众所能接受的语言体系，就是人设可拉进你和用户距离最好的工具。

不同与中国传统的十二生肖，如果你和妹子聊生肖，那么十有八九会收到白眼，不仅土，而且暴露年龄，简直像是在赤裸裸地问妹子今年几岁。但星座就不一样，两个人见面打招呼，没话聊的时候问一句，“你是什么星座的?”“我是处女座。”你看，接下来话题就自然而然的来了……

星座是一个万用且无害的话题。你可以用它开头，打破僵局，建立共鸣，活跃气氛，表现个人立场，获取对方的信息。最重要的是，你可以放心大胆的使用它，因为没有几个人会太在意星座上的调侃。

这已经不只是“勾搭”的招数，而是聊天、会议、饭桌等公关场合的谈话技巧。更适配于批量“挑逗”大众的神经。

你看，星座的好处已经这么多了，你还在在意它科不科学?

对于自媒体运营来说，重要的不是让用户跟着你的思维转变，而是你要正确认识到，并且掌握用户的喜好和传播规律，去分析在这种表面的喜欢和不喜欢之下的更深层次的用户心理。

所以，请一定要重视星座！并且对症下药，给你的用户他觉得有魅力的星座。

做运营，一定要懂得研究星座，如果你对完整的星座运营底层分析有兴趣，可以通过相关文章了解。

LR 调研的有趣数据：水象星座创业者很多！

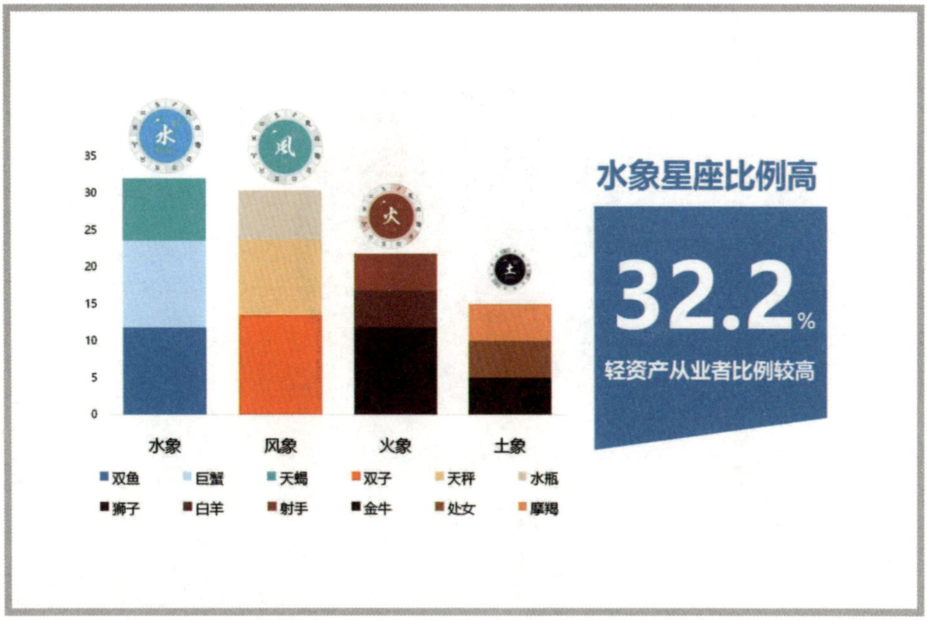

如上图所示，水象星座32.2%：双鱼、巨蟹、天蝎，都很平均，分别是11.8%、11.8%、8.4%；

风象星座30.5%：双子、天秤多，其中双子占所有星座之首，13.5%；

火象星座22%：狮子比例高，11.8%，其他二者可忽略，各占约5%；

土象星座15.3%：各占5%。

广告、媒体、文化、互联网、服装等跟创意艺术相关的从业者数据从另一维度佐证，如下图所示。

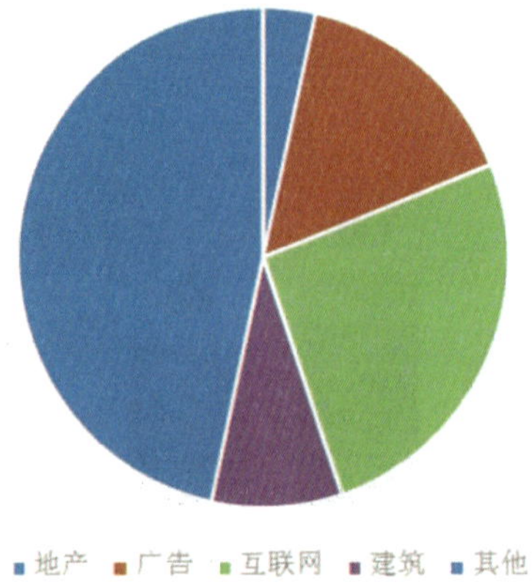

入驻者行业中互联网行业占比 28%、广告行业占比 16%，为占比最高的两大行业。

关注的内容：对我有用的知识分享

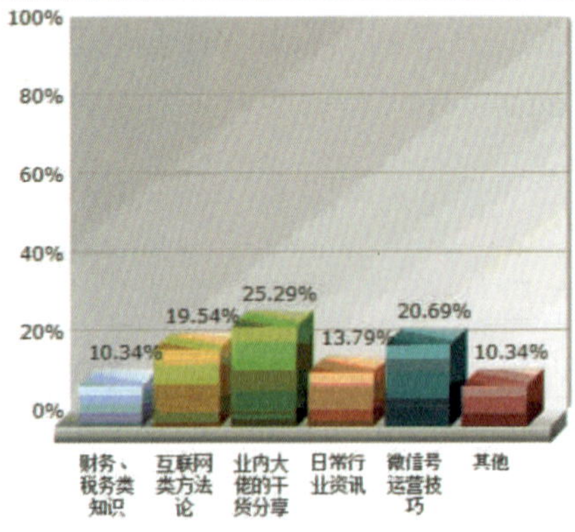

如上图所示，对于创业咨询的获取，业内大佬的干货分享占比最高，微信号运营技巧占比第二，互联网类方法论第三。

在另一份交叉调查中，地域不同的用户对内容也有不同的需求：

北京的用户，更关注互联网类方法论、业内大佬的干货分享；

厦门的用户，更关注业内大佬的干货分享；

上海的用户，更关注微信号运营技巧，其次是互联网类方法论、日常行业资讯。

到这里，我们面对的用户就比较清晰了，接下来，我们需要对用户分一下层级，同时，将用户画像拟出来。

第三节 分出用户层级，用一张图、一段故事加以描述

前面的数据多且复杂，我们现在开始整理，通过梳理用户漏斗、分清用户层级、画出目标用户画像、描述目标用户故事 4 个部分。

用户漏斗：一个美丽的倒金字塔

上一章节提到，LR 已经将自己的视角转化为一个多维产品公司，那么，从公司的战略上将形成一个漏斗型的产品矩阵，而自媒体则配合公司战略，将从免费、大量的消费者，一层层过滤到最高净值消费者。

每一层都有不同的产品角色，每一层都是共同服务于一个消费者需求，在矩阵中呈现出递进关系。如下图所示。

用户层级：每层级的需求不同

围绕着平台型账号的目标，前面大量调研的用户可以分为以下 4 个层级，每个层级的需求不同，有关不同的故事。

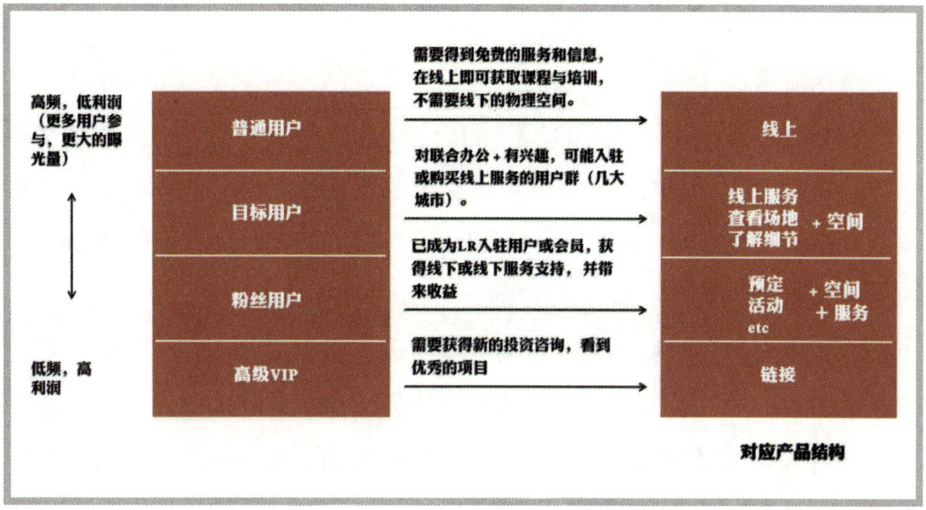

目标用户与粉丝用户关键需求：成长、链接、社交

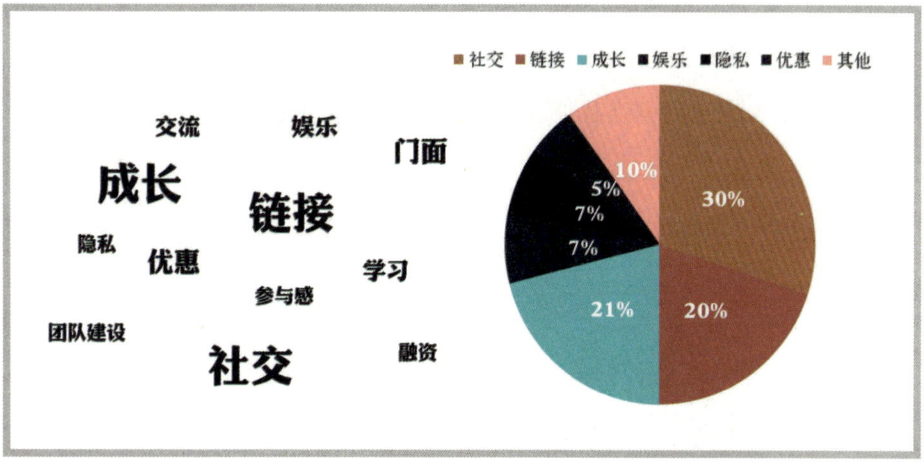

针对目标用户、粉丝用户这些已经与LR发生强链接的用户，我们重点分析了之前的调研数据。如上图所示。

社交需求：

在问卷报告中，对于活动达到的目的，活动的参与态度等问题中，大多数用户都做出了偏向于有更多社交需求的选项。访谈过程中也表达了如会客、活动等多维的社交需求。

链接需求：

在访谈中，用户表达出希望与LR之间建立起更为有效的关系链接的需求。同时对于LR的活动、发展也提出了希望能够协助织并提供一定的支持。逐渐实现与LR内部形成一种良性、互助的有效链接关系的需求。

成长需求：

在调查与访谈中，用户对于活动类型表达出自身渴望吸收知识，提升自己的需求。同时，对于各类资讯、干货表达出了强烈的学习欲望。希望通过各种知识的学习，提升自我，帮助其在职场、创业道路上的到更好的发展，满足个人成长需求。

分析清楚需求后，怎么为用户打造自媒体内容、功能，便可得心应手。

用户画像：照片、描述

经过以上清晰的分层以及每个层级内用户具体需求的剖析，我们开始拟用户画像，请注意，当我们在谈论用户画像时，我们要讨论的是一个具体的形象，他由至少一张照片、一段描述和一个故事构成。

为什么要照片？依旧是信息可视化的问题，大家互相之间，对认定的那个人会产生理解偏差，当定到一张照片上时，认同度更高。

挑选照片的原则：

（1）大家都熟悉的人物，比较快能达成共识；

（2）可以用明星，用同事更好，但是，最好不是项目组里的同事。否则将出现个体代入太强的状况。

比如 LR 的这个目标用户画像：

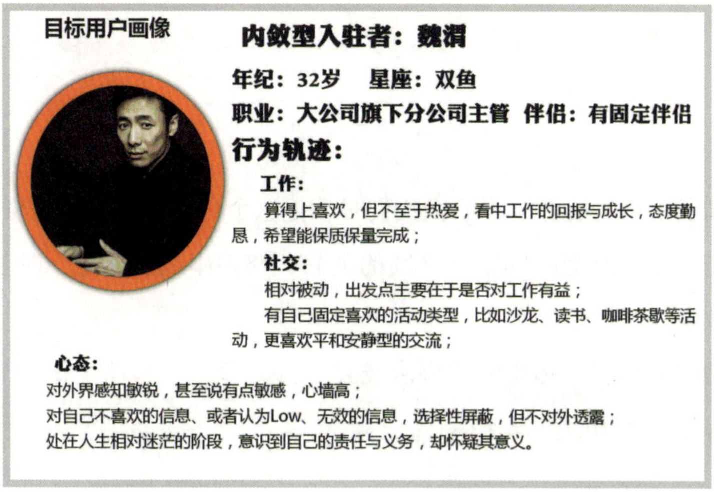

有了这个清晰的画像，接下去怎么为他量身打造一个人设，便更清晰了。

LR 不仅有这么一个画像，它还拥有另一个年轻群体的画像。在本书中也会提到，不过，你不妨先做个作业练习一下吧！

第四节　描述出用户在接触你的时候，具体的故事

只知道用户的画像还不够，我们必须把这个用户与自媒体提供的服务，甚至是与整个产品矩阵的服务之间的关联完整地串起来。这个时候，你需要一个故事。

所谓的故事，是指用户的需求场景、行为举止、心理变化，故事不是单一的，是一系列的需求连接。

一段故事、一张需求图表

比如“魏渭”与LR之间的故事：

魏渭听说自己要负责上海分公司之后，还是有点欣喜的，毕竟从部门负责人到区域负责人，也是工作了快十年的自己应该有的进展。在职场上一直很勤恳的他，决定好好挑选分公司的场地。人不多，十几个人，要门面好看，位于市中心，方便招人以及客户来访。他有些发愁。来回请中介、上海的同学推荐了一些地方之后，发现在预算、门面、位置各方面匹配的可选项实在不多。

入驻LR之前，魏渭略有些犹豫，不过，他很好地克制了自己的表现。一来，联合办公在各式新旧媒体上被广为谈论，至少分公司入驻，在舆论上不至于太被怀疑实力；二来，到场地看过后，确实有质感，位置也不错；三来，统一的社区管家和活动设计，少掉自己做行政后勤服务上的麻烦；最后，和LR招商人员的几次洽谈，都让他感觉挺舒心的。拍板决定，就这里了！

入驻之后，让魏渭觉得不舒服的是，隔音有点问题，隔壁若大声讨论、播放音乐，多少有些困扰。不过，难免的嘛，至少工作起来问题不大。手下的年轻人们，倒是对参加统一的社区活动兴趣盎然，年轻嘛，总是爱玩的。他瞄了几眼微信公众账号上的内容，除了一些可能有点干货分享的沙龙，大部分在他看来，就是拉几个所谓行业里的精英，做一些表面分享，植入自己的广告。还不如做一些高层间的交流沙龙，至少也知道边上的公司是做什么的。上次在吸烟区碰到的哥们儿就挺好玩的，好像是做新媒体推广的，可以交流看看，有没有合作机会。

不过这些意见，他可不会主动跟社区管家说，“闲得慌不是！”至于微信公众号、微信群，空了就看两眼，没空就忽略算了，有质感、有用处的内容，才值得他花费一些时间。

未来分公司要怎么发展呢？和总部的关系怎么处理呢？团队要怎么带呢？业务呢？让魏渭为难的问题，可不是一星半点。

这段故事有一点点长，可是在这个描述下，一个用户在产品矩阵里的整体心流就十分清晰了。它对整个产品体系的打造极具参考价值，但是，落实到自媒体的服务里，我们只需要弄明白，我们能为他在自媒体内做什么即可。

将故事整理成需求示意图，就是以下这张：

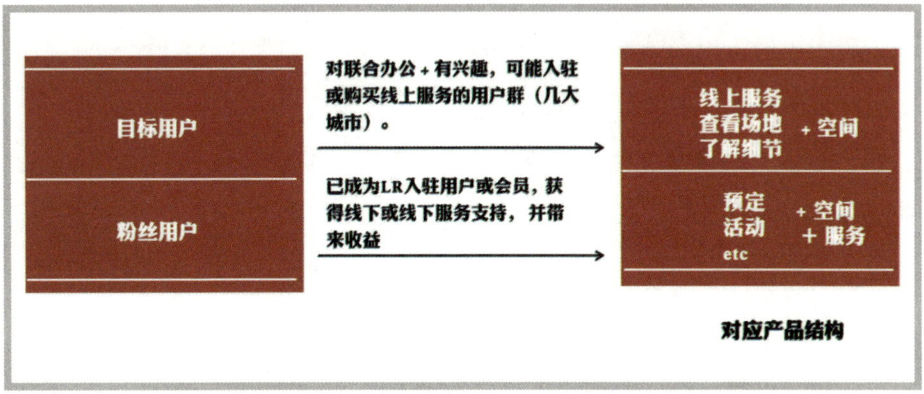

在这里，魏渭产生了用户身份转换，在故事的第一二段，他是目标用户，产生需求，在故事的后几段，他是粉丝用户，也有不同的需求。我们用画布的方式对故事里的需求链接做一下拆解，其中在需求本质（即粉丝用户阶段）留白，给大家自行练习。如下图所示。

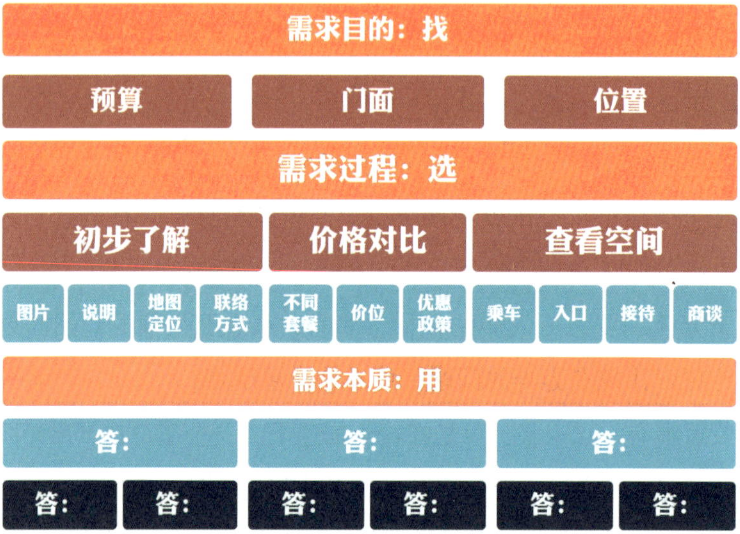

7天人设冲刺，结果不仅仅是拎出一个自媒体的人格魅力体，而是同时要提供出自媒体的功能规划、服务框架，包括运营标准，所以在故事的这一段，也请将用户需求画布拎出来。

从上图中，我们明显看到，需求，不仅仅是需求二字，而是包括目的、过程、本质。而自媒体能产生作用的重要环节，就是在他产生目的后，让他脑海中有个印象："我似乎在哪里看到过，可以去找一下。"接着，是在他进入需求过程里，有节奏地提供其所需信息，最后，他成为粉丝用户后，紧密跟踪服务。

这也是企业自媒体要成为有用的发声渠道必经之路。

故事需要有节奏的 burn up

整个 7 天人设冲刺的过程中，我们需要解决的问题和设计的物料不少，那么，我们需要将用户故事拆解后的需求链接，切分一下权重，然后有节奏的 burn up。

如图所示，这是用户需求目的——“选”中我们需要提供的服务内容。那么，只有当他第一时间被我们提供的空间图片、文字介绍、资源服务、地点优势、价位对比捕获后，才有接下的第二个、第三个动作。因此，在 7 天人设冲刺的过程中，可以按不同的优先级，去 burn up 这些故事。后期迭代相同。

小结：这些工具，事半功倍

本章通过详解案例，让大家从细节中了解推理过程。本节总结一下整天的操作步骤。

可能存在的问题：数据多且杂，如何高效进行统计与分析？

答：

第一步：先从**指数类数据**中获取自己的用户群基本范围，白板上可根据下图进行区块划分，填上信息。

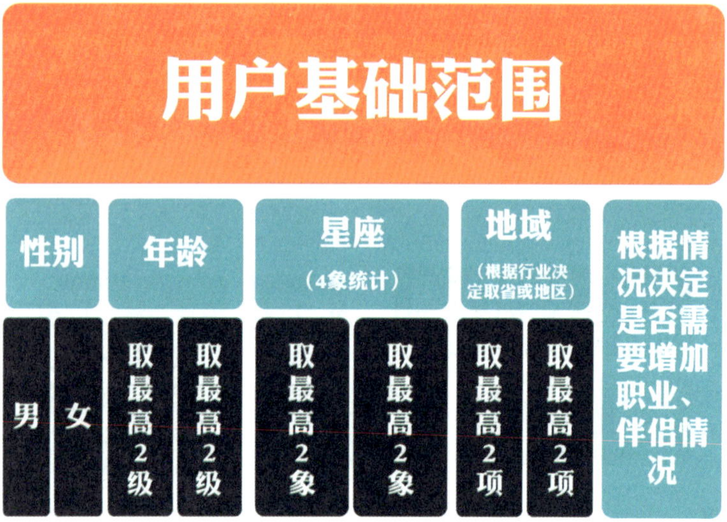

第二步：再从**普遍类数据**中，得知基本用户的行为、分析、特征；

第三步：对照自媒体类数据、直观类数据，分析用户直接反馈、日常行为与真实需求；

第四步：反观企业内数据，查看过往行为缺失，转换位面；

第五步：拟出用户漏斗，分清用户层级；

第六步：根据用户层级，拟清每层级需求、可对照用户的画像；

善用工具：大屏 + XMIND、白板与标签纸

每一步的分析，大家将结论用标签纸，贴到白板的相应位置，贴完后进行演说，引导者同步要求记录者用 XMIND 记录下每人的总结发言，当信息都可视化后，面对整个 XMIND，大家再来统筹，拎出用户画像。

画像需要 PK：每个人根据分析结果，各找一张照片，阐述原因后，由话事人决定，哪一张照片更贴近我们的用户。

白板与标签纸凝聚特征：引导者根据下表，将白板分块划好，所有人拿着标签纸，将自己的看法写在纸上，贴到相应区块中，同时进行3分钟简单阐述，由话事人决策，哪一个画像，更贴近今天的整体数据分析。

特别礼物：在本章一开头，给大家揭开了“星座秘语”一点点小小的推理秘密，具体他们最后是怎么拎出用户画像的呢？可以扫描二维码，我用视频讲解给你听噢！

视频3　“星座秘语”如何推理出用户画像

扫码看视频，教你如何拎出用户画像

CHAPTER 3

周三：做媒日

今天相对会轻松一些，既是“做媒日”，又是“缓冲日”。如果前一天有一些工作没有完成，可以安排在今天早上做完；或者担心后天的设计工作繁重，可以将明天的工作提早到今天下午启动。我们的建议是后者。今天，你需要不断地翻阅昨天的数据推理情况，如同帮你最好的朋友做媒一样，把昨天画出的用户会爱上的那个人，一五一十地“画”出来，包括他的样貌、星座、口头禅、爱好、三观……甚至身高、体重全拟出来。

今天相对会轻松一些，既是“做媒日”，又是“缓冲日”。如果前一天有一些工作没有完成，可以安排在今天早上做完；或者担心后天的设计工作繁重，可以将明天的工作提早到今天下午启动。我们的建议是后者。今天，你需要不断地翻阅昨天的数据推理情况，如同帮你最好的朋友做媒一样，把昨天画出的用户会爱上的那个人，一五一十地“画”出来，包括他的样貌、星座、口头禅、爱好、三观……甚至身高、体重全拟出来。

当然，你可能需要一些心理学、星座学的知识辅助。

“还是女性角色好，大家也愿意倾诉和咨询。男性角色的话，如果咱们有现成的大帅哥，用他本人出镜倒也可以考虑。”周三，“星座密语”项目组再次出现在“小黑屋”中。

小轴和小辰偶尔短暂交谈，大部分时间用 XMIND 整理自己的想法。

小辰高举双手：“来吧！附体在用户身上，用最浪漫的情节，幻想他可能会喜爱的人！”

“个性魅力这件事，最好是通过星座来量化，尤其是性格、决策机制、口头禅。”冷哥低声说道，“咱们毕竟不是什么心理学大家，前人总结下来的经验，用户肯接受的流行话语体系，现成的就要用！”

对，要懂一点星座，通过星座设置性格，知道哪些星座对另一些星座而言是致命诱惑，尤其是想得而不可得的那些个性魅力——这是今天的一大法则。诚如冷哥所说，除非你是心理学大咖，熟知大家的荷尔蒙反映。

最终，大家得出结论，“星座秘语”背后的博主，是一个神秘的女生，她大概是这样的，如下图所示。

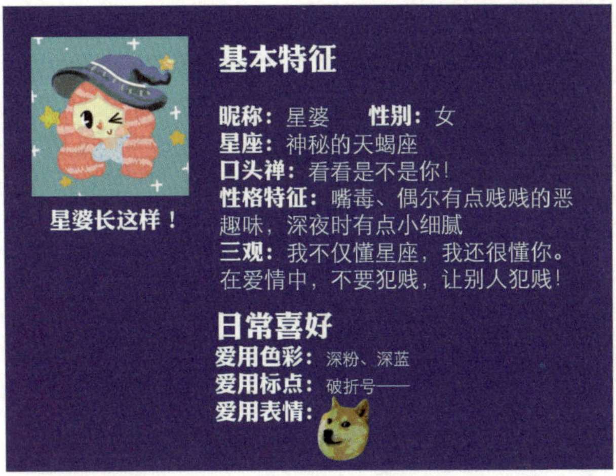

上一章的开端，大致分析了部分“星座秘语”用户的特征，大家不妨做下作业，推理一下为何星婆的最终设计版是这样。

当然，如果你想知道更多推理的过程，也欢迎扫描二维码，看“星座秘语”案例拆解视频，将抽丝剥茧告诉你。

视频 4　用户最爱的三大人格属性

扫码看视频，告诉你用户最想要什么

一个简短的小案例，让大家有个基本体会，让我们开始今天的做媒过程吧。

第一节　打标签：“梦中情人”的魅力具象化

怎么把一个人具象化？有个不恰当的例子，比如下图通缉令。

上面有关于一个人的详细特征，能让不认识他的人，第一时间也有个模糊印象。咱们要做的具象化，其实也就是一张“通缉令”。

如何优雅地拟一张通缉令？

咱们需要把一个人拆分一下，他的初始印象由哪些东西构成？你不妨想象一下身边的同事，第一时间映入脑海的是这个人的长相、衣着、一些常有的小动作、口音、口头禅，平时交流过程中体现出来的性格特征……

按着这个思路，咱们来模拟想象出一个具象的人，这个具象化，由以下两大基础设计项构成：

基本特征：昵称、性别、样貌、星座、口头禅、性格特征、行为轨迹、三观。

日常喜好：爱用色彩、爱用标点。

如果是涉及知识类、观点类、旅行类、美食类，还要相应补充以下内容：

备选项：音乐、知识范围、涉猎书籍、目标旅行地、饮料、所爱美食。

短视频自媒体还需要考虑：

造型、衣着、口音、关键饰品。

基本特征：鲜明的同时，夸张一些。

基本特征要包括：昵称（或指定名字）、性别、样貌、星座、口头禅、性格特征、三观。

其中，昵称可单独列出清单并进行投票PK，下节会具体说明。而其他各项，以下的主要原则和关键办法供大家参考。

主要原则：在思考人物的基本特征时，要注意“保证人物的鲜明度，可以适当夸张”。容易给人留下印象，想想奇葩说里那些人给自己打的标签。

关键办法：找一个明星级人物，或者行业标杆。真实人物的对标，更容易设计。运营的小伙伴也更能揣摩和体会如何扮演好这个角色。

在LR的项目中，我们提出了不少方案，其中有一个以Facebook的首席运营官雪莉·桑德伯格为原型，先找到她的图片，接着对应图片、对应昨天的用户画像、对应用户的需求，一一设计基本特征。

昨天LR的其中一个用户画像，特征如下：

目标用户画像

外放型入驻者：彭于晏

星座： 双子
年纪： 26
职业： 创业团队合伙人　**伴侣：** 无
行为轨迹：
工作：
需要有激情、有成就感的工作，氛围、工作是否能实现自我价值，能让其有存在感是其最重要的选择标准；
社交：
相对主动，出发点在于是不是有趣、有种、有料；
喜欢的活动类型不稳定，偏向电影沙龙、音乐派对，喜欢头脑风暴型交流，既能学习，又能展现自我；

心态：
从自我出发，更多考虑自身感受，爱恨直接，不至于当面指责，但一定会背后吐槽；
会因为喜欢一个人的为人处世，去体谅他的工作内容，把人和事区别得比较清晰；
人生处于上升激情期，追求快乐、成就感多过于承担责任与义务，但依旧有自己的担当。

双子男，对双子男有极大吸引力的是狮子女，虽然这 2 个星座不一定有好的姻缘结果，但致命吸引力相当于天雷地火。

而他身处创业团队，能打动他的是创业领域里顶尖公司的重要人物，因此，我们找了 Facebook 的首席运营官雪莉·桑德伯格来对标——当然，同步还有其他人设方案，不过，今天是要放心大胆地去想象和假设，明天再来 PK！

再根据其年龄、喜欢的内容，这位雪莉·桑德伯格对彭于晏而言，是创业导师、创业前辈的定位，她必然是一位有价值的朋友，能解惑、能成事……先大胆去想象！甚至可以对标目标人物原来的性格特征。

于是，我们有了如下这样一位雪莉·桑德伯格——

雪莉 · 桑德伯格 FACEBOOK COO

星座： 狮子
年纪： 30
伴侣： 固定伴侣，双方各自独立
性格：
外柔内强型，你朋友圈里那个最有价值的朋友；
对于逻辑严谨非常重视，在提出观点时将经历相对严格的自我审查；有一定平衡工作和生活的技巧，喜欢分享；工作上擅长安排、管理，会让人感觉有一点点强势，但是会采用有说服力的方式，让别人接受；
因此，展现出来的内容，逻辑清晰、案例丰富，甚至会运用到同理心的技巧；

口头禅：
说话不喜欢绝对，为表达自己逻辑的完整性，喜欢这么说：
"合理的解释是……但不排除……"
"包括……但不限于……"
"以上讨论成立的前提是……"
"XX与前文所说的XX并不矛盾，原因在于……"

事实上，真实的世界中，雪莉·桑德伯格并非狮子座，她也不会在对话过程中，使用那么生硬的口头禅，当我们是图文自媒体的时候，这类口头禅却至关重要——让用户以后一看到这句话，就想起你。

如果是短视频自媒体，建议您在设计时，多用一些口语化的口头禅，“关八”这个短视频自媒体就做得很好，他称呼自己的粉丝为：“小老婆们”。每次视频结束的时候都会用上独有的告别语：“白了个白”，引发许多自媒体模仿。

日常喜好：和人物契合，为了性格可视化

在日常喜好一项中，为了图文自媒体方便，建议就可定爱用色彩、爱用标点两项。而短视频自媒体，则通过：造型、衣着、口音、关键饰品等将性格可视化。

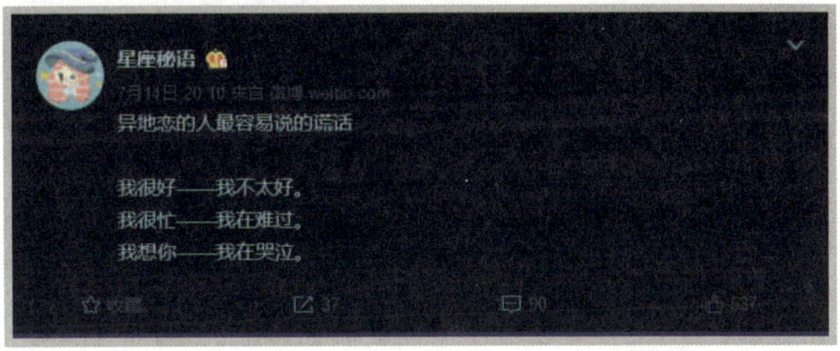

神秘的星婆，喜欢用深蓝色，这是一个夜空的颜色，也带有宇宙的神秘。

破折号呢？——话后有话；

在今天，脑洞都可以开起来！

设计强烈性格，可多用感叹号；

“……”用来表达预言又止；

多短句，多“。”是一种简单快节奏的发言。

关键办法：如何观察标点符号后的性格特征？可以多看看平时群聊的人，尤其是你熟悉某种性格的人，他们是如何使用标点的。

备选项：适配垂直品类自媒体

旅行类自媒体，一定记得加上目标旅行地、爱好旅行路线等；

知识类自媒体，务必要有选书规则，对书籍品类的观点和看法。例如，"意外艺术"自媒体，意公子首选的必是与艺术生活化分不开关系的，一些有收藏价值的艺术观赏大部头。如，《故宫藏影》《梵高作品集》。

音乐类自媒体，喜爱的曲风、代表人物，是少不了的。

影视类自媒体，是喜欢欧美出口，还是日式小清新，还是中国本土，都能设定标签。

不同垂直品类的自媒体，请对照自己的关键品类下手。

企业类自媒体，参考各自的行业。

但其实最关键的是，这些备选项，都要能将人设性格具象化。

善用工具：XMIND、标签 + 白板

大家可在各自的电脑上，用 XMIND 的逻辑结构图，将人设分好类，一一对应往上补充。共享信息的效率要善用工具。

第二节 挑一个：最容易做出识别度的六大星座

如果觉得思考星座有困难，根据经验，我们提供了一些比较容易做出识别度的星座，供大家参考挑选。

这六大星座的魅力特征明显，容易具象化，同时对大多数人来说，也十分具有吸引力。特别声明，不是说其他星座没有魅力，而是相对来说特征具象化的可操作性没那么强，比如摩羯的事业心与谨慎，相比水瓶的天马行空来说，后者的可操作性就强很多了，多用奇妙的图形、强烈对撞的颜色即可。

特别提醒，这里提到的星座特征，都是流行语系里的元素，也就是说，用户基本接受了这些设定，不需要我们再次解释。

天蝎座：神秘、专情

一提到这个星座，很多人会说他“腹黑”，心里有想法，嘴上却不说。换一个说法，喜欢保留自己的神秘感。天蝎女的嘴毒，自我保护意识强；天蝎男有着一往情深，却要用玩世不恭来掩盖，都适用来具象化。

对许多人来说，天蝎座的魅力就在于这两点：神秘、专情。一个善妒的星座，一旦陷入感情中，会十分浓烈。

天蝎座也是传闻中十分懂得赚钱的星座，具有企业家的杀伐决断力。

关于口头禅：你可以给天蝎座安排一个标签——吐槽。他的吐槽将特别一针见血，让人拍手称快。

可匹配色彩：神秘一些的颜色，深蓝、墨绿、黑色；

天蝎座的代表明星：

陈伟霆　余文乐　戚薇　安妮·海瑟薇

狮子座：傲娇、霸气

狮子座的傲娇、霸气，深入人心。这是一个容易做出反差萌的星座，在狮子座的傲娇背后，有一种求关注的小呆萌。在他的霸气背后，还会有一些小孩子的任性。

他们嘴硬却热心肠，当人们发起求助的时候，他会觉得提供帮助是一种使命。

如果你要塑造一些霸道总裁的形象，狮子座是一个不错的选择。

因为傲娇和霸气，他们往往有一点点强势，狮子女往往代表着事业心强，认真负责，当人们面对女强人的时候，总会忍不住觉得对方是狮子女；狮子男则非常有自信，对自己所知所能笃定不疑，有时也会被人们称为自负；这个星座极具领导特质，是团队里的领袖与主心骨。

关于口头禅：狮子座适合一个标签——说服力。你用狮子座的身份，可以用笃定、自信的口吻。

可匹配色彩：浓烈明艳的颜色，金黄、大红等。

狮子座的代表明星：

处女座：严谨、要求完美

这可能是近些年来被黑得最惨的星座了，强迫症、变态地要求完美，甚至还有人提出来，要做好一个优秀的产品经理，多多少少都要有处女座的特征。之前有坊间段子说，被罗永浩“折磨”的设计师和供应商曾吐槽：“处女座都没有老罗变态。”乔布斯对产品的要求，在社交媒体上也曾被讨论过“堪称是处女座级别的”。

当然，这都是段子。不过段子正是流行语系的直接体现。

处女座的严谨、认真是不用说的，特别是对细节的把握，最直接常被讨论的特征就是：东西要摆放整齐，不能偏差一分一毫。

如果你做的自媒体领域需要严谨、完美精神，不妨使用处女座人设。而且他非常容易做出反差萌，也就是说，大部分情况下特别认真偏执，偶尔来一些贫嘴，会让人觉得有趣。

关于口头禅：处女座适合一个标签——自黑。毕竟本身是招黑体质，你先对自己下手，也是现在网友所谓的“玩得起”。典型案例：新华社“沙特换王储错字事件”，整个评论的玩法就是自黑的体现，还有杨幂，经常自嘲“脚臭”。

可匹配色彩：颜色偏中性，重点是设计时考虑规整的几何图形。

处女座的代表明星：

胡歌　杨洋　杨幂　刘亦菲

水瓶座：新奇、创意

这是我最想避开，却又无法忽略的星座了。

如果你所处的行业需要新鲜和创意，水瓶座完全适合你的自媒体性格，脑洞奇大无比，最大的特点就是追求与众不同，创新、创意，天马行空，奇思妙想不断。可以说是最无厘头的星座，甚至有人会说水瓶座是外星人。

水瓶座是聪明的，也是任性的，个人主义色彩极为浓厚，最讨厌的开场白是：你和我认识的谁谁谁好像，因为在他们心里，“我是独一无二的！”曾有段子说：巨蟹的眼里，世界是一家人；天蝎的眼里，世界是那个爱人；而在水瓶的眼里，管他的，世界只有我一个人！

一个特立独行的星座，容易沉浸在自己的幻想和脑洞里的星座，日常性格，嘴特别贱，明明心里想对人好，嘴上一定要挑衅，也可以说是为了引起注意。

水瓶男的奇葩指数，在十二星座男中排行第一，刚刚上面说的每个特征，在任何的一个水瓶座上面都能找到，甚至他们还会讨厌被下这样的定义，即便事实上就是。

水瓶座女生，在十二星座女中，靠谱指数可以排行前三，对钱有敏感性，对事业认真负责，和自己选定的人能愉快玩耍。

因此，如果一定要选水瓶座做自媒体性格，建议选男性，性格特别明显，识别度高。

关于口头禅：他适合一个标签——无厘头。你说东，他可以说西，你说往北，他可能说吃鸡。因此，可以给他找一个比较离谱不靠近上下文的口头禅。

可匹配色彩：多用碰撞的颜色，天马行空的线条，和处女座反着来就对了！

水瓶座代表明星：

双鱼座：温柔、多情

事实上温柔多情的星座有很多，为什么单独挑出双鱼座？因为他实在太温柔、太多情、太细腻了。巨蟹的温柔里有极强的自我保护，而双鱼则是纯粹的温柔，甚至温柔到自己都落泪。

如果你做心灵、情感、故事、心理等类型自媒体，双鱼座是一个不错的选择。他擅长倾听，极富同理心。双鱼男是十二星座男生中温柔指数、爱心指数第一的男生。也有人说，双鱼男是滥情，事实上，他只是不愿意让别人受伤害，双鱼男是一个很好的暖男形象。

双鱼女则是富有同情心的，易流泪的，对弱势群体关注，能够感同身受。

双鱼这个星座，也特别适合做萌的属性，呆萌也好，蠢萌也好，或者是故作镇定萌都行。对了，关于最受用户欢迎的三种性格属性，下一节会具体讲。

关于口头禅：双鱼就一个标签——心疼。不管是你心疼他，还是他心疼你，表达出浓浓的心疼感，比如，“真的吗？抱抱……” “乖……”，这个欲言又止的星座，也适合用“……”。

可匹配色彩：粉色调、浅色调的都合适，尤其是粉蓝、粉红、粉绿这些清新的颜色。

双鱼座代表明星：

李佳航　李云龙　Angelababy　刘诗诗

天秤座：颜好、优雅

天秤座是一个公认优雅、颜值高的星座，尤其是天秤座的女生——这大概也是个概率事件吧，但流行语系里，就是这么定义的。

同时，天秤座也是一个颜控，对美和优雅有执念。这个星座属性，适合那些有独特调性、讲究审美的自媒体，生活美学类的、读书类的、品质类的……甚至男装、女装，等等。

当然，天秤的性格也是犹豫的，传闻中他是一个有选择困难症的星座，纠结得很，让他做选择能逼死他。他也是一个老好人，因为他无法做抉择，也不太会拒绝别人。

天秤座的性格特征里，还有理性、坚强、博爱。天秤男会是一个绅士，你往英国绅士的方向去发挥想象力，或者《三生三世十里桃花》里的墨渊。天秤女则有双面性，在不熟悉的时候是优雅、理智、善于平衡的淑女，双方距离近一些后，她则是有一点点骄纵的小公主。

口头禅方面：天秤座的标签是——优雅。可以是一个温柔的“嗯哼”，又或者可以是“没有问题，稍等。”之类大方得体的话语。

可匹配色彩：优雅系列的颜色都适合天秤座，米色、银色、蓝色、紫色等冷色系的，线条设计上也以大方、优雅为主。

天秤座代表明星：

张艺兴　赵又廷　赵丽颖　高圆圆

以上几个星座的基础特征、代表人物，大家都可以直接参考。下一节，我们要讲用户最爱的三大性格属性，也是可以直接挑选的。

第三节　用户最爱三大性格属性：萌、“贱”、有调性

在移动互联网年代，最有生产力、最爱用户喜爱的三种性格属性，便是萌、“贱”、有调性。在7天人设冲刺中，我们也建议您可以从这三大属性中选一个。

一、萌点：吃萌、呆萌、蠢萌

萌，是“可爱”的流行语系表达方式。常言道，卖萌是个技术活。萌系典型代表：HELLO KITTY，一萌就是数十年。近些年来，以萌动人的形象可谓层出不穷，最近比较红的是玻尿酸鸭、迪丽热巴的形象及人设。

Hello Kitty

玻尿酸鸭

迪丽热巴

现如今流行的萌，有很多流派，其中最著名的是**吃萌**、**呆萌**、**蠢萌**，三者可分开萌，也可三合一萌。

吃萌

迪丽热巴因为最新一季的《奔跑吧兄弟》人气大涨，她吃货的人设深入人心，自称“胖迪”，一言不合就开吃，不顾镜头大口大口地吃，眼神无辜，仿佛在说：“我就是爱吃呀，爱吃有错吗？”典型的吃货萌，十分能迎合现在互联网大部分年轻人“吃货”的自我标签。

你可以试着在新浪微博输入“吃货”二字，有3亿多条结果，可谓是萌点中的一大重点。如下图所示。

吃萌的塑造方式很简单，口头禅可以直接设定和吃有关的内容；图片的使用上，多采用食物、餐具元素；内容的采写上，多用食物的类比。海尔兄弟在运营上就做得很棒，连着将近一个月，每逢晚上十一点，就会发：“好饿好饿好饿……”发到后来，网友们便在那条微博下，给他贴了各种各样的美食图，互动效果极好。

呆萌

呆萌的典型代表是张艺兴，他在《极限挑战》这个综艺节目里，经常无辜且无知状地看着孙红雷：“什么？哥，我又被你骗了。”张艺兴的粉丝们简直母性大发，“可爱死了，好想保护他！”

福原爱也是呆萌的代表，笑咪咪的她虽然是日本队员，但在网络上几段大热的视频中，她乖巧呆萌的表现，让网友们戏称：“这是中国队的队宠嘛！”

呆萌的要义在于呆、乖、无害，让人有保护欲。

口头禅可以设置一些无辜或者“无知”的台词，如“啊，是……嘛……”“噢，好的……”等；图片使用上多采用无辜的表情，现在表情包极度发达，多和年轻人斗图，就能定期收获新鲜表情包了。

蠢萌

蠢萌和呆萌还是略有不同的，呆是有点反应慢，愣愣的，蠢萌的要义在于“蠢”，不是反应慢，而是别人告诉你了，你还不知道哪里有问题。这里的“蠢”不是贬义词，在年轻人的流行语系里，蠢萌可以理解为单纯，傻得可爱，或者耿直得犯傻。

蠢萌人设的代表人物近年来层出不穷，王岳伦、王诗龄父女俩都被说过蠢萌，林更新、黄子韬也被说过蠢萌。最具代表性的是赵丽颖和王嘉尔，在综艺节目或者被访问时，经常会回答出“高情商”的人不会给的答案，让周围的人很尴尬，但他自己却还不知道。大家可以去搜索体会一下。如下图所示。

比如，赵丽颖在采访中直接揭开真人秀的内幕：其实是有安排剧本的，旁边的郑恺表情无比尴尬，连弹幕里的网友都忍不住说："丽颖啊，说话别那么……"。

蠢萌人设好做，口头禅往脱离常识、不留"情面"上走；内容处理上，不按"世故老成"的套路出牌；图片上，可以多用上文中我介绍的这些明星当表情包呀！

但是，卖萌如果卖得不好，会变成做作。比如第三季《花儿与少年》里的赖雨濛，蠢萌人设，但有时候过头了，实在也让人不舒服。

呆萌和蠢萌的风格，母婴类型的自媒体可以多考虑。

二、"贱"格：贫嘴、自黑、吐槽

和"萌"一样受欢迎的是"贱"。请注意，"贱"在这里不是贬义词，是中性词，可能在南方用得比较多。"贱"大致可分为三类：**贫嘴**、**自黑**、**吐槽**。

贫嘴

一次，刘烨收到一条诈骗短信，在微博上装起无辜："真叫人捉急，有人发来短信，说是房东，正身在外地，急需用钱，要我把钱汇到他老婆的账号就可以，叫我汇好了短信通知他，这人肯定是发错了，打回去说是空号，这要是耽误了别人的事情咋整，真叫人捉急。"

这便是典型的贫嘴，耍贫这件事，比端庄得体在如今的互联网上，更受网友们的喜爱。

贫嘴界还有一领军人物，就是大张伟大老师。他可谓金句不断，诸如：“云想衣裳花想容，猪想发福人想红。”“英雄一怒为红颜，红颜一怒得花钱。”“有朋自晚上来，午饭不宜吃饱。”大家随便拿一句当贫嘴人设的口头禅，都极度合适。

看看大老师可怕的数据量。

当然，贫嘴这事儿也讲技巧，多少需要天生有幽默感，若不小心贫过头了，也是容易被怼的。可以挑一些无伤大雅，不针对特别群体的内容和方式。实在不行，你还有第二招。

自黑

贫别人不好，那我贫自己，大家就没意见了吧？自黑是非常好接近距离的方式，自黑，是自嘲的新说法。网友们现在特别不喜欢高高在上的、端着的人设，因此，无论什么性格，多少往里头掺一点点自黑，会显得比较可爱。

自黑界达人杨幂、薛之谦。杨幂就不用说了，她一度在网上特别不受欢迎，后来干脆放飞自我，自黑达人上线。被传脚臭，结婚当天发微博说自己已换好婚鞋；《三生三世十里桃花》被发现发际线后移，她当场呼吁“珍惜现在还有头发的我”，转头发了微博：“我是一个禁不起批评的人，如果你们批评我……我就去植发。”如下图所示。

薛之谦更是如此，他一度走到山穷水尽、无人听歌的地步，只好在淘宝上卖衣服，后来因为常在微博上向段子手们学习，用长文讲冷笑话故事，引得网友纷纷用“哈哈哈哈”转发，再度从微博上红起来，也赢得了不少参与真人秀的机会，在真人秀中，加强自黑人设：“我好不容易参加个节目，别这么快让我出局啊，我想红！”终于迎来事业巅峰，最近接的广告几乎霸屏。他也数次调侃自己：明明可以靠唱歌的才华吃饭，结果却走了段子手路线，神经病啊，我不要面子的啊！

吐槽

“吐槽文化”的盛行，大家就不陌生了。2015 年，王尼玛、留几手等段子手大行其道，犀利的评论和幽默的语言为他们圈粉不少。转年，网络红人 papi 酱更是凭借一系列的吐槽短视频获得了 2200 万投资，一时间成为各大网站的头条。

我们通过指数级大数据分析发现，“吐槽”文化已经深入人们的生活。如下图所示。

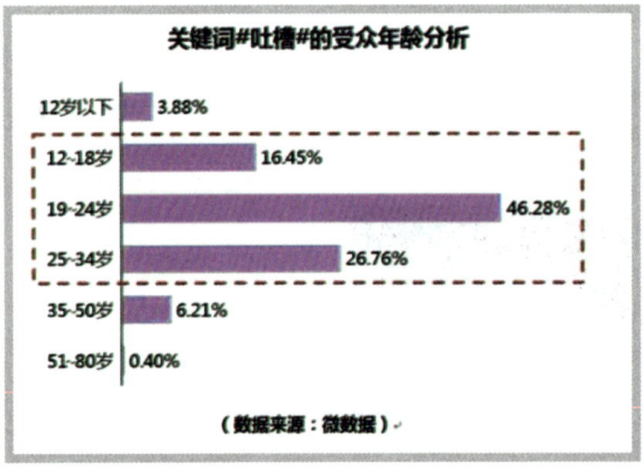

从关键词 # 吐槽 # 的用户年龄分布可以看出，年龄段在 12~34 岁的人群对这一热词的搜索程度较高，其中又以 19~24 岁的年轻人表现最为突出，更有年轻人自诩为“吐槽星人”，“不吐槽会死星人”，虽然形容夸张，但足以说明。

吐槽是一定要抓住槽点的，所谓的槽点，由吐槽引申而来，常常表示吐槽的“爆点”。比如，法律规定以人为食物的生物必须向国王申请证书才能进行吃人，否则属于违法行为。不然会被逮捕。这个地方有非常值得说道的地方就是槽点。吐槽是一种类似于相声中的捧哏作用，偶尔也是逗哏。

关于如何有效地吐槽，推荐大家收看《吐槽大会》，因为吐槽而诞生的两大明星——90 后蛋蛋、95 后池子，他们的语言用法，尽是吐槽精髓。

三、有调性：洋派、古风、嘻哈

有调性，和前两种性格不一样，他是典型的需要“端着”的性格。有调性也分为三种：洋派、古风、嘻哈，是目前较为有代表性的3种调性。当然，曾经也有一阶段流行过小清新风、文艺风、森系风，大家都可以参考看看。

洋派

这里的洋派和日常生活中我们所说的洋派不太相同，指代含义更简约，主要指：北欧简约风、日本性冷淡风以及一些较为现代时尚的风格。

其中简约、性冷淡风，都属于简洁一派。代表自媒体有：一条、二更等生活美学品类自媒体。曾经我们开发的“一种”APP也属于简洁派，一经上线数天便有20万下载量。

生活品质、生活美学，属于消费升级中的重要品类，至今仍然非常受欢迎。上海一位绅士就做了一个叫“丹尼尔先生”的男士生活美学账号，十分受欢迎。

洋派属性，黑白为主，或掺与一些冷淡的颜色。设计风格上几乎以黑色细线为代表，线条越简约越好，字体也会使用类似于清刻本、悦宋等线条分明的类型。

看以下这几张图大家感受一下：

这就是简洁一派的典型设计方式。结合星座思考，处女座的人设很适合。

古风

古风，多指中国古典风，近些年来也颇受欢迎，以禅美学、禅学、中国古代士大夫文化为核心。

典型代表有中式美学自媒体——物道，主要讲中国的文化、器物，都和传统相关。

如果是涉及匠人、匠心、传承类的自媒体，也可以考虑这种属性，有一种“谦谦君子，温润如玉”的态度。和上文提到的星座结合思考，天秤座挺合适的。

大家也可以看以下设计，感受上面中式柔和的线条，以及一些中国古风里才会存在的云线设计。

嘻哈

嘻哈是2017年开始盛行起来的调性，在此前，嘻哈文化一直都处于亚文化状态。这类型的文化自称野生、纯粹，并将自己定义为“年轻人的叛逆精神家园”。不可否认，嘻哈文化随着年轻人群的成长逐渐变得不容忽视。

一直以来，亚文化自媒体的典型代表是一个名为“公路商店”的自媒体，虽然亚文化不一定等于嘻哈，但嘻哈承载了亚文化。

大众与嘻哈之间，有个相对融合的地带，叫“潮”。比如经营潮牌的李晨，他旗下的 NPC 产品，有着嘻哈，也有着大众能接受的元素。

嘻哈的显象元素有：涂鸦、强烈的色彩、帽 T、板鞋、球鞋、说唱、街舞等，常用的口头禅诸如 cool、freestyle、hey man、what up……

和二次元一样不好融入的是，如果你不是真的特别能理解这些显性因素下，年轻人包藏的叛逆、独立和精神追求，你是无法真正讨好他们的。

在选题上，他们往往有不一样的角度，如公路商店爆红的下面两篇文章：

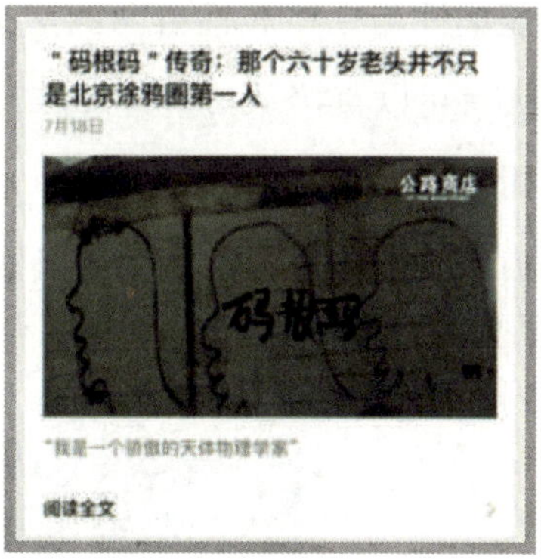

如果你面对的是年轻人的市场，请务必要了解嘻哈文化、潮文化，团队里多少要有这么一个有嘻哈精神的年轻人。相信我，你会特别“爽”的！

四、432种人设，1个特别点

两两交叉，432个人设

经过前面3个部分的介绍，大家事实上可以组合出432种人设，再根据自己的情况，进行微调筛选。

星座：6个星座、2个性别。

性格属性：3种属性，每种各有3个小分支；特别值得一提的是，性格属性间可以两两交叉，会有不一样的感受，即可以尝试又自黑又呆萌，又吃货又洋派，等等。

星座属性与性格属性再两两交叉，经过数列组合，至少一共有432个人设，大家可以直接从书里挑。

善用工具：挑出心仪的星座、心仪的性格属性后，写到标签纸、名片大小的白卡纸上，分为2叠，随机抽取匹配，给自己灵感。

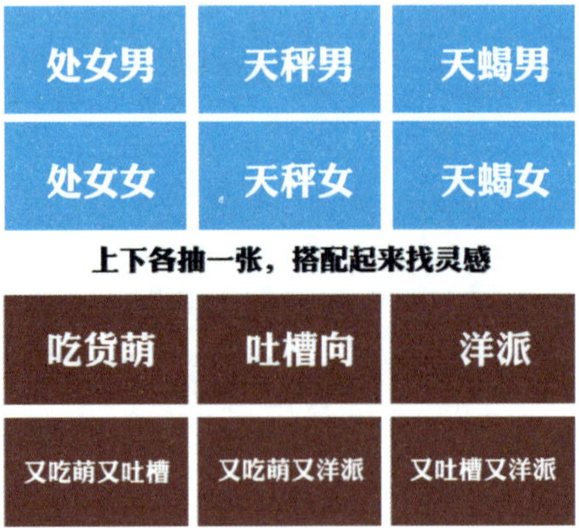

特别提醒：即便是搭配找灵感，写在卡片上的元素，也要针对着昨天的用户画像、用户需求、所在领域综合考虑噢！

1 个特别点：反差萌

反差萌指的是角色突然露出与之前性格完全不同的一面的一种萌点。

反差萌适合那些本来相对严肃，或者人们脑子里已有刻板印象的行业，才能达到反差萌的效果。比如，早年前的警务微博“派出所那点事儿”“江宁警方在线”；近年来大红的政务微博“共青团中央” “紫光阁”，一改人们眼里刻板、严肃的印象。耍贫、卖萌，不一而足，连官员们都亲上微博，和网友互动，如四川德阳市市长赵辉。

国内反差萌的鼻祖是刘烨，他通过微博，自建“火华社”，重拾人气，一度成为微博明星届的一匹黑马。例如，有一次，他发了一个自拍照，边上有一个青花大瓷瓶。刘烨写道：“天资聪慧，沉稳大气，五官的位置也长得准确到位，你有母亲山东人的耿直，也有父亲长春人的粗犷，你不经意的一撇腿儿，不仅身姿婀娜更潇洒炫酷，身旁的青花瓷瓶也黯然失色，不！不只黯然失色，这瓶一定在想，既生瓶，何生火华社长。满分 10000，快到碗里来。”

这种类似求表扬的卖萌帖，让他产生了与平时镜头前冷酷深沉不同的“反差萌”。

反差萌的另一个代表是 67 岁的老戏骨王庆祥老师，前些年开微博时，还是“老干部”的画风，没想到近阶段玩起了 B 站、弹幕，和年轻人混成一个语言体系，各种新潮的表情包、更是手到擒来，上了微博热搜榜，时不时点赞就过万……大家可以到微博上搜索感受一下。如下图所示。

五、性格如何行为化？

设计与性格相关的互动，便是性格行为化的最常用方式。给大家举个例子就明白了。

刘烨的“火华社”还有一个最引爆的行为，就是“抢沙发”大行动。他密集在一个阶段内，去抢粉丝、其他明星微博的评论“沙发”。在抢的同时，再度加强自己的耍贫人设：“发个微博哥抢个沙发！抢了个满头大汗，真过瘾！”“哥实在是扛不动了！哥得睡觉了！”“哥就不信这会儿还有夜猫子跟哥抢沙发吧！”“沙发你就给哥个面子吧！”

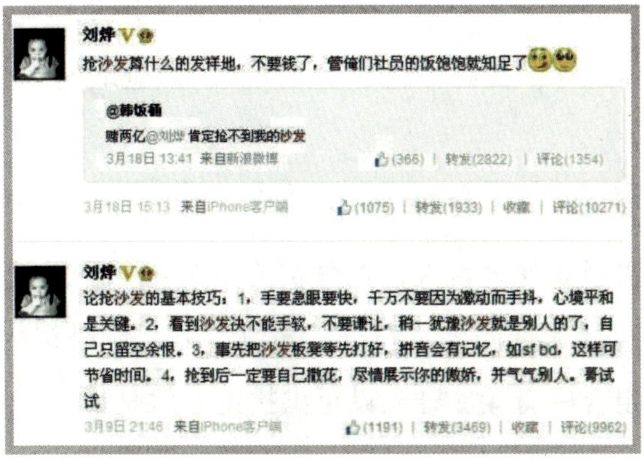

同时，刘烨还公开表示，任何网友只要说出想被刘烨“抢沙发”并@他，就有机会被满足。网友“东方菇娘”向刘烨发起挑衅：“呵，抢沙发算什么，刘烨要是评论我，我就去吃 xiang。”没想到不到 5 分钟的时间，刘烨真去评论了，还发了一个“爱你”的表情。随后，网友“假装在纽约”发布微博称：“我打赌 @ 刘烨不会转发这条，要是输了，凡转发的我每人发 1000 元。”没想到，刘烨又迅速抢到“沙发”！如上图所示。

“抢沙发”本来是在论坛社区里，网友们最喜欢做的一个行为，即在一个新帖下，占据评论第一楼的位置。刘烨此举，大大拉近与网友的距离：一个大明星，竟然和咱们普通老百姓一样，也做抢沙发这种“幼稚”的行为，也太可爱了吧！

事实上，刘烨的一系列行为，都与他之前的形象大相径庭，不管是成立火华社，还是卖萌、耍贫、抢沙发等行为，都是为了建立一个新的人设，进行大量圈粉的行为。我相信，他的背后一定有团队在进行分析、运营。毕竟，网友为何会对卖萌、耍贫、抢沙发产生喜爱与亲近，也是需要数据分析、深度研究才得出的结论，同时把这个结论进行方法论并执行，也是需要深思熟虑操作的。上文提到的“假装在纽约”，其实本身就是微博上的一位大 V，在我还从事娱乐记者行业时，他正是娱乐圈中的一位从业者，也是一些大明星的经纪人。事实的真相是，连大明星也需要通过人设方法论来进行自媒体运营，我们普通的运营团队，难道不赶紧用起来吗？

小结：形成文档，方便明天 PK！

本章主要讲了如何针对大数据分析的情况、用户画像、用户需求，进行人设设计，包括人设的基本特征、日常喜好，同时提供了 6 大星座，3 大属性，排列组合后有 432 种人设可供挑选。但是依然有几个重点要提醒大家注意：

一切都是为了标准化

大家要记住，不要为了做人设而做人设，7 天人设冲刺最终的目标是为了做出用户喜欢的自媒体人设。

回归到用户需求，我们所设计的人设，最终都是**为了运营的标准化**。

能用一句话定义

你要能用一句话定义自己的人设，比如，“准者老爹”的人设，他是篮球领域的王尼玛，LR 的人设，最终走向了**联合办公领域的王思聪**。当你能用一句话定义清楚，那么，在明天的 PK 中，以及未来和用户告知时，便能达到心证意证的好效果。

分组进行设计

将 7 天人设冲刺小分队分为 2~3 组，组数视人数而定，若 7 人，可分一组 3 人、一组 4 人；若超过 7 人，可分 3 组，确保每组人数相对均衡。

每个人孤军奋战设计压力过大，容易剑走偏锋，甚至敷衍了事。以组进行设计，能确保设计力饱满，几个组员一起头脑风暴，乐趣更多。善用本章提到的工具，在小黑屋里，各自开动吧！

最后提醒，一定要形成文档，这也是为了明天的PK和用户的投票做准备工作！

决斗文档分类及格式：

一页人设属性描述

方式：PPT

包括以下内容：

基本特征：昵称、性别、样貌（图片）、星座、口头禅、性格特征

日常喜好：爱用色彩、爱用标点；

备选项：音乐、知识范围、涉猎书籍、目标旅行地、饮料、所爱美食；

短视频自媒体还需要考虑：造型、衣着、口音、关键饰品（图片、文字）。

一页人物思维方式描述

方式：PPT

包括：行为轨迹、三观

需要举出具体的例子，比如，罗一笑事件，他的态度会是什么？这是从公众事件的角度，去验证人物的价值观。从家长里短的角度，体现他的三观，则可用北美吐槽君的故事，看看他的态度会是什么？

一页场景故事描述

方式：PPT

包括：具体场景，会对用户的行为有什么具体反应

举出具体的例子，假设到某个具体的场景中去。详情参考用户画像的人物故事描述，只不过，这次你要换个位面思考了！

以上这张雪莉的人设卡供大家参考，也请大家做一下作业训练噢！

练习：

（1）补齐上一张雪莉的人物故事描述；

（2）把你家用户“梦中情人”之星座、属性推理出来，写在卡片上，抽签训练灵感。

CHAPTER 4

周四：决策日

今天，有一个好消息，有一个坏消息，你要先听哪一个？好消息是，经过昨天的头脑风暴，大家的妙手缔造了一批“梦中情人”，鼓掌贺喜，这是一个巨大的进步；坏消息是，今天是杀伐决断的日子，大家要带着自己设计的“梦中情人”与同僚残酷地 PK。今天还有一项任务，就是为 PK 获胜的人设开始详细地规划设计心、骨、皮，这项较为繁重的设计工作将会延续到明天一整天。

大家都有梦中情人，但哪个是用户喜欢的？

今天，有一个好消息，有一个坏消息，你要先听哪一个？好消息是，经过昨天的头脑风暴，大家的妙手缔造了一批“梦中情人”，鼓掌贺喜，这是一个巨大的进步；坏消息是，今天是杀伐决断的日子，大家要带着自己设计的“梦中情人”与同僚残酷地 PK。今天还有一项任务，就是为 PK 获胜的人设开始详细地规划设计心、骨、皮，这项较为繁重的设计工作将会延续到明天一整天。

LR 的决策日并不好过，在决策日前，品牌经理与我们就优化做了层层筛选，意图提高决策会的效率。

事实上，如果你是一个乙方服务团队，在与甲方进行决策日之前，就要先自行进行一番 PK，这也是为何昨天的行程会较为宽松，因为你可能需要半天的时间进行内部 PK。

LR 的决策日是全国连线会议形式，我们提前把 2 个人设通过设备共享到所有人的大屏上。

2 个小时的时间里，我们针对这两个人设以及之前的用户画像，进行讲述和 PK。如下图所示。

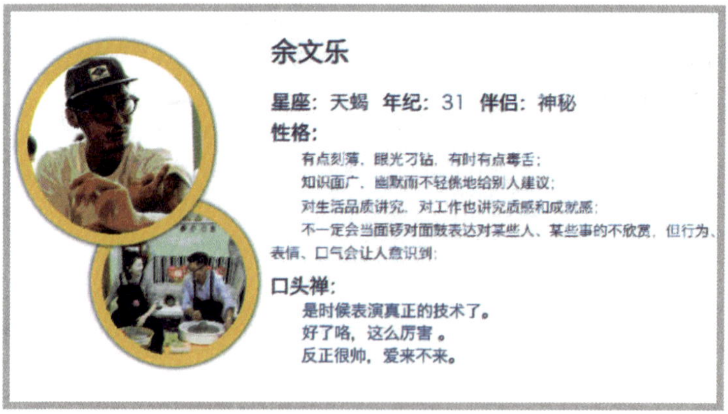

“天蝎座的设定是因为，咱们水象星座的入驻者偏多，在水象星座里，双鱼、巨蟹都被不自觉地被天蝎座吸引，天蝎座也颇具创业者、开拓者的魅力。”

“基于入驻者从事的行业：轻资产较多，艺术、创意、互联网企业多，那么我建议，这个人设要有一点点小小的酷，有个性，见过不同的事情，对审美有自己的见解，和年长一些的入驻者可以并肩称兄道弟，对年轻一些的入驻者来说，是一个很酷的学长。”

在连线会议上，我们公司的小伙伴侃侃而谈，LR 创始人 Eric 几次忍住了打断的欲望，因为在会议前，我们约定好，在人设演讲的过程中，有意见的听众，先用纸笔记下观点，等讲述人完整演讲完，再来一下提议。

2 个人设的演讲并不占用太多时间，接下来是提问环节，Eric 率先发问：“为什么要选择余文乐这个代表人物？他似乎与创业者、企业用户的关系不大。”

“选用明星只是为了让大家更好地理解性格特征，你可以设想他为创业圈的余文乐。”

“太过玩世不恭会不会显得咱们的服务不专业呢？” LR 的联合创始人 Vic 则有这点担心。

品牌总监倒是认为："入驻者都很年轻，大家更重视人格的魅力，并非玩世不恭就一定不专业。"

……

每个细节都在这样的探讨中进行，品牌总监承担了很好的引导者角色，她时不时示意大家放慢语速，照顾其他城市连线的伙伴，同时，也提醒总部现场的记录者，用 XMIND 及时记录下大家瞬间的一些关键词句，在大屏上投射，一边讨论，一边分类和整理思路。

非常好玩的是，最终 PK 的结果，不是余文乐获胜，也不是雪莉获胜，而是另外一个人设，但他综合了 2 个人设的不同特点。

先留一个悬念，在本章中揭晓。

第一节　决斗开始！引导者开启舞台

必须要承认，在一堆“梦中情人”里做出决策，这是最痛苦、最有可能争吵的一天，因此，今天尤其需要会议纪律，引导者需要开启“全知全能”，以便将整个“决斗”推进下去。

一、核心：会议规则

1. 四个原则

(1) **全员确认目标**：回归到用户需求，不能为了做人设而做人设；

这个目标，要请记录员将它写到 XMIND 逻辑图的第一格，并且加框以便提醒大家。

(2) **写出法则**：在用户的需求链条中，我们这位“完美情人”，能无缝连接用户与用户之间、用户与产品之间吗？

(3) **控制时间**：每组人有 30 分钟的阐述时间，完整地描述设计的“梦中情人”，用好昨天的完整文本展示。如果你做了 3 个人设，那么，每个人设你只有 10 分钟的时间可以讲述。

(4) **讨论投票**：当每个小组都发言完毕后，由引导者带领大家进行自由提问，脑爆讨论，挑出不同人设中的亮点。

讨论的时间需要控制一下，45 分钟之内所有人必须心里有数，再以组为代表上前总结发言。

最后，留 15 分钟供大家投票。

（5）**决策者拍板**：PK 归 PK，最终还是要回归到决策者，由他来拍板。

提醒：不要介意拼凑，只要这个人物性格和反应符合逻辑。

（6）**来句响亮的口号**：每个小组给自己取个好听的组名，或者想一句响亮的口号，为自己的人设鼓劲，在开始演讲前，也可以搞一定的仪式感，让大家更加充满激情。引导者记得鼓励大家做这件事噢！

2. 三大仪式

一块写规则、分工、时长

在房间最左的白板上写上 PK 赛的主题、规则、分工以及每组时长。如下图所示。

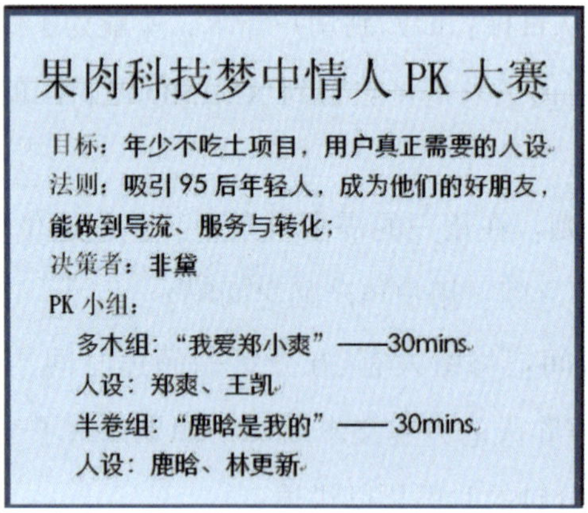

这张白板时刻提醒大家本次 PK 的目的，同时将今天的目标可视化。

一块白板供演讲者贴上设计稿

在房间中间的白板，留给 2 组人员贴上自己的人设设计稿——3 张人物属性文档：一张人物基本属性，一张思维方式描述，一张场景故事；文档用 A4 纸打印即可，分组贴好，如果空间不够，将纸张按顺序稍微叠一下。

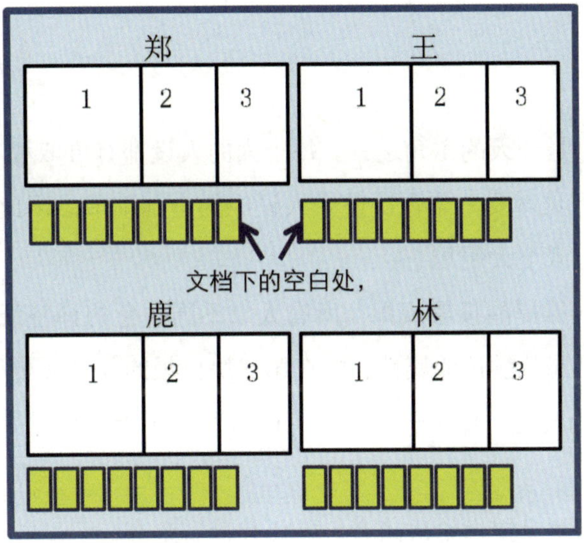

在每个人设的文档下留出空间，给演讲后的投票者，贴上代表自己选票和意见的标签。

如果“小黑屋”里准备了大屏，那么，人设文档，也同步投影到大屏上，这块白板主要是给大家投票时，对标信息用的。

一块白板由引导者记录亮点

前文提到，“小黑屋”里最好有很多块白板，除了两张必须被占用的白板外，其他白板空余下来，让引导者能在上面记录下演讲过程中，大家有反映的亮点。或者是演讲结束后，大家激烈讨论去留过程中的亮点信息。

如果白板不够，可以在墙上补充白纸，进行记录，不要错过任何有用的信息！

3. 工具集锦

善用标签纸

标签纸会是今天的主角之一，每个人的人设都有可取和不可取的地方。投票时，也不见得要一票否决整个人设中的全部细节。因此，在投票环节中，标签纸将派上大用场。

引导者记得提醒投票规则，所有人拿不同颜色的标签纸，针对每个人设，写上自己愿意挑选的属性，贴在第二块白板的人设文档下。

15 分钟内写完、贴完，大家休息的时间，记录员可以查看标签纸并进行统计。

将大家的意见提供给决策者，以便其最后定夺。

特别提醒：如果有大屏用来投影，记录员先在其他电脑上记录 PK 过程中的亮点信息。

小工具：iPhone 的计时器、番茄时间工具 app。

在今天的会议中，时间非常重要，今天允许引导者带一部手机进入“小黑屋”，利用手机上的计时器，为每个环节掐时间。

在离每环节结束时间还有 2 分钟时，应对演讲者、参与者进行提醒。

二、最终文档：崭新的描述

经过 PK 后，原先的人设都被打乱了，但是一个更清晰、更接近真相的人设会因此诞生。

引导者需要引导所有人，一项一项仔细核对，当着所有人的面，确定最终的描述文档。

例如，LR 最终的人设：“联合办公领域的王思聪”。如下图所示。

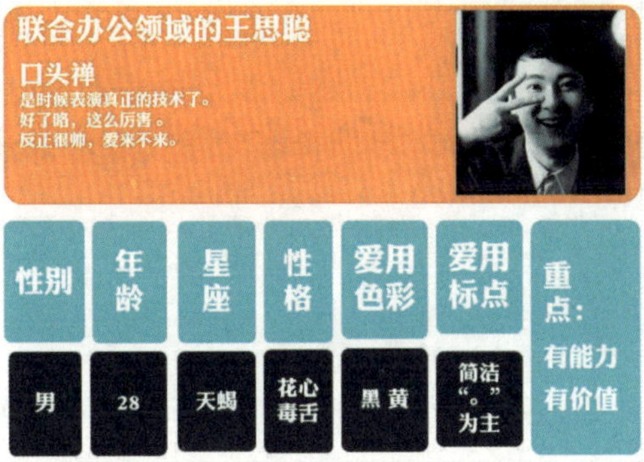

这是最终人设的第一页，大家可以稍微看看，感受一下。

第二页是“王思聪”大致三观、审美的描述；第三页是场景故事。此处就不贴出来了，大家可以自己做下作业推理一番。

第二节　最关键是自媒体昵称，工具来了！

现在，新人设已经大致完成，还缺了一个什么呢？对了，就是最关键——昵称，一个好昵称，能让人设一事，事半功倍。在本节，非黛会提供给大家一套取名的好办法以及一个实用性表格。

这个办法不仅仅用于取自媒体的昵称，还可以用于各种命名的场景，例如，品牌名、媒体名、产品名，等等，是一个相当扎实的底层方法论。

一、先看看坏榜样

再次把时间推回到罗辑思维声名鹊起的那一年。由于罗胖的成功，许多自媒体运营团队，陷入对人格魅力体运营法的痴迷中。而当时，人格魅力体的具像化，最直接的体现便是自媒体的自称。

当时流行的自称有几种：

1. 毫无自我型

如，小编、笔者，这是一种很典型的自称，当运营人员要表明自媒体的立场和态度时，自然而然地取用了小编、笔者这类的称呼，并将自己的情绪、三观、审美带入运营中。

说真的，这是我们在研究执行的过程中，最不推崇的自称命名方式。对普通用户而言，“小编”二字，只是苍白的代号，毫无意义可言。

举个简单的例子，例如，《读者文摘》《青年文摘》的自媒体，无论是微博上的内容输出，还是微信上的内容输出，都是图文输出，用户只能通过选题、排版、行文口气进行感知。然而，当两家文摘类的自媒体，同时在称小编时，用户很难有从业者的敏感性，去感知不同。换句话说，运营者觉得自己很不一样，但用户感觉不到。尤其是希望通过内容吸引用户的自媒体，在竞争激烈的各内容平台上，没有明显可视化的特征，用户看过内容就算了，也很难产生关注、订阅的欲望。毕竟，到处都有这样的内容和小编，不是吗？如下图所示。

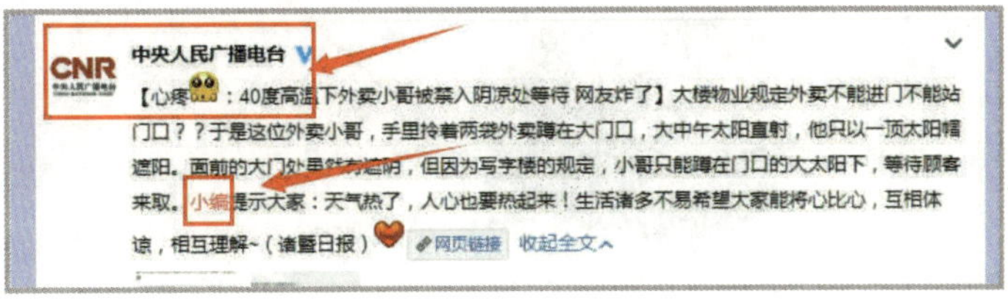

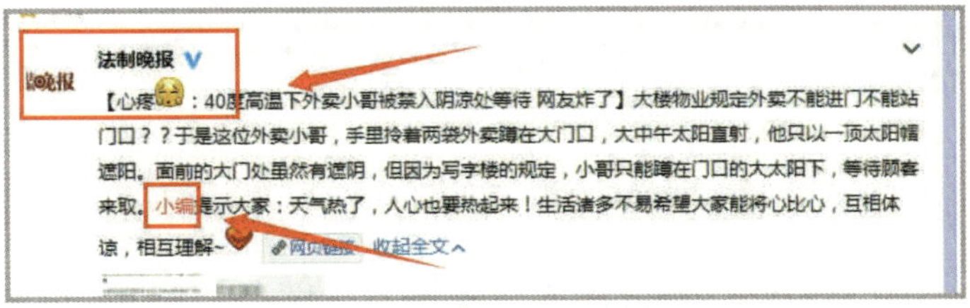

2. 自我甜蜜型

这类的自称命名有几个特征：

（1）从自媒体名字中取一字，进行重叠，如，此前《海西晨报》自命名“晨晨”；

（2）它预设了用户立场，假定用户对其十分亲近，毕竟叠字称呼叫起来相当甜蜜蜜；

（3）在有用户基础的情况下，这类自称命名相当有优势，反之，则略显尴尬；

（4）如果这类自称命名的自媒体，原先是一个高冷端庄的机构或企业，如此自称命名则拥有一种反差萌，如果原先在用户脑中并无此刻板印象，使用该自称命名方式，则无法激发用户的情感反馈，如下图所示。

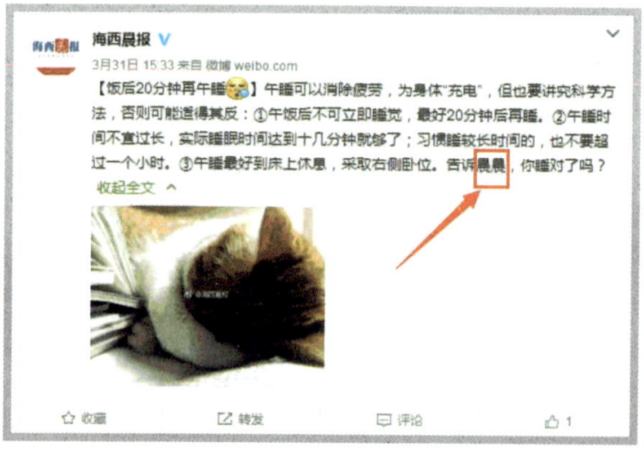

3. 自我定位型

小×、×君、×叔、×姐，等等，这类的自称命名方式，一般是从自媒体账号名中取一字，例如，我们曾经运营过的“创意铺子”这个账号，一度自称“铺子君”。后台常有用户过来“调戏”：“你是机器人吧？我看到那个谁谁谁，也是自称某某君，你们是不是都是程序弄的啊？”

看到了吗？和“小编”二字一样，这类自我定位的称呼，也是一种掩耳盗铃式人格魅力体的可视化结果。虽然带上了自己的某个标签，但当竞争激烈的自媒体行业里，都采用这种办法时，你一样无法给自己的用户留下太真实的人格印象。

无论你采用的哪种人格自称命名方式，如果运营者本身没有具备极强的人格魅力，并且具备将自己的人格魅力具象化的能力，那么就是在自嗨。并且，在更换编辑、运营者后，你的风格又会因为人员的更换改变，根本无法做到统一。这，就是人格魅力体在当年给大家留下的陷阱：表相。只悟其形，未明其神。表相似乎做到了，背后的整套逻辑和操作方式，无解。

举个例子，这就犹如女生看到全智贤在《来自星星的你》中的口红，特别漂亮，于是希望自己用了这支口红也一样美丽。但如果没有思考当天的衣服搭配和口红是否相符，效果有可能会适得其反。

当然，如果运营者本身具备极强的人格魅力、性格特征，并有能力将这些显性化，作为运营团队的管理者、公司的老板，恭喜你，你捡到宝了。

比如，微博上的博物杂志，他提供的是识别动植的互动机制，人设：傲娇、业务扎实、满腹经纶，被粉丝们亲切地称呼为博物君。而大量使用拼音打字的用户，在输入 bowu 时，输入法出现的第一个词是薄雾，因此，又有用户称呼他为“薄雾君”，甚至还命名了一个更长的名字：亲爱的薄雾浓云愁永昼。如下图所示。

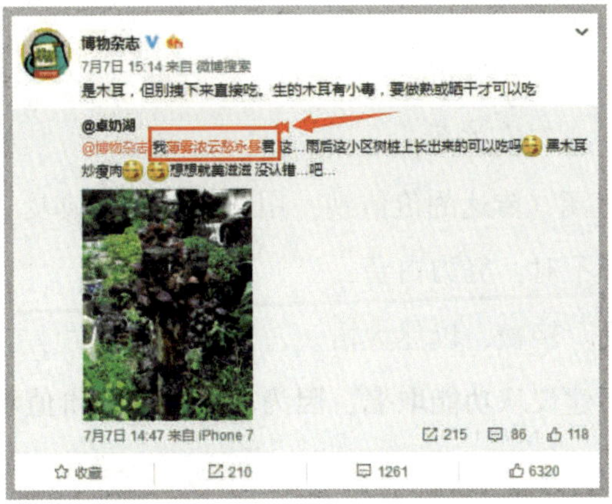

二、取名技巧：拎需求、排列组合

给自己的自媒体取昵称，和给自媒体取名一样是有技巧的。如同大家在读本书前，没想过人设还能用排列组合，取名相同。有些感性的工作，并非纯粹靠灵感，即便是靠灵感，也有灵感工具。

在这里，用一个我们的一个 95 后财经短视频自媒体取名案例来进行简单说明。

1. 选出你的名字要符合几个需求，需求越细越好

比如我们短视频节目，他的亮点是：

1. 针对 95 后；
2. 讨论财经、商业、效率、大佬故事；
3. 故事逻辑化，逻辑故事化。

那名字的需求有什么呢？

1. 指出群体：年轻；
2. 指出调性：有趣，好玩；
3. 和财经、商业有点关系；
4. 从产品的内涵（传达的价值观，用户的心情、感受）等取名。

价值观：选择不对，努力白费；

预期用户感受：轻松、恍然大悟。

特别提醒：不建议从功能取名，因为功能会变，价值观不会变。

2. 根据取名的需求，开始列构成名字的字、词

年轻人	有趣好玩	和财经相关	价值观 (选择不对，努力白费)	心情感受 (轻松、恍然大悟)
少年	暴富（何以解忧，唯有暴富）	钱	拆掉思维里的墙	改命
年少	吃土	金融	明智	不吃土
95 后	智障	赚大发	智慧	逆天

根据这些需求随意列，以上表格可以无限扩张，也不用拘泥于某一栏，只要能写到对应的点，就把字、词放上去。

接下来就是自由组合。比如，95 后赚大发、少年逆天、明智暴富，等等。自由组织的力量是很可观的，从中你可能还会想到更多不一样的词，一旦想到，立刻写到白板上，不要错过刹那的灵感！

直到再也无法组合出新词，或者你已经觉得足够好了，我们就要开始一轮轮地筛选，留下几个，明天再进行内部 PK 和用户测试投票。

经过层层筛选、PK、测试投票，我们最终给这档唯一的 95 后财经自媒体命名为：“年少不吃土”。

如果你是取昵称，表格就不用这么复杂，更多是单字组合即可。表格分为三栏：

一栏是**性格，相应的性格会对应什么词语；**

一栏是**身份，他所拥有的身份，他可能会自称什么，或者别人会怎么称呼他；**

一栏是**品牌，有品牌名、服务性质相关**——不少企业还是不愿意抛弃品牌的！

三栏中随意取字组合，会有不一样的火花噢！那么，昵称的表格是这样的：

性格	身份	品牌

我们拿 LR 的最终人设来看看，它的这个表格会怎么填呢？

性格：刻薄、毒舌、花心	身份：在团队里工作的富二代	品牌：品牌名或服务性质
少	先生	LR
少爷	MR.	联办
哥	老湿	入驻
小哥	Dr.	联合
	总	R

经过组合后，我们拥有了一堆名字，诸如：LR 少爷、R 少、MR. LR、Dr. LR、联办少爷、入驻小哥、LR 老湿、R 总……根据数列组合，这里至少有二三十种可能性。最后谁来拍板呢？

先投票！

有几个很好用的在线数据调研工作：金数据、问卷星，都是在线投票网站，大家可以利用它们向用户要答案。

LR 的名字投票链接直接扔到了 LR 的公司群和入驻者群里，经过 10 分钟投票，R 少、MR. LR、LR 老湿、R 总等几个名字相对领先，这个时候，话事人登场了，他需要综合判断，最终确定了 Mr. LR 这个昵称。虽然，有一些小伙伴认为 R 总可能会更好一些，但是大家都听从了话事人的最后拍板。拍板就是拍板，一定要不折不扣执行。

特别提醒：这套取名规则、投票方法，适配于取品牌名、软件名、自媒体名，等等，如果用于这些领域，请记得查商标，如果商标已有人占据，就要重新选过。

善用工具：在名字的脑爆过程中，可以用到 2 个硬件工具：白板、大屏，2 个软件工具：标签纸、Excel；

白板 + 标签纸：在剩余的白板上，划上三个分栏，并标清内容，让大家先行思考好可以用的字，在对应栏中贴上；

大屏 + Excel：将 Excel 表格投射到大屏上，记录员根据大家报出的字一一往上填。

后者的效率会高一些，因为直接电子数据化了，一会儿要投票不用重新打字，复制粘贴到相应的在线投票工具即可。

第三节　决定后，引导者开启方案设计之路

现在，人设基本尘埃落定，万里长征走完了一半。回归目标：我们做人设是为了什么？为了自媒体运营标准化。

那么，接下来请引导者开启方案设计之路，将整个设计框架必须包含的内容进行详解，并将任务分配给团队成员吧。

我们需要花一点时间来决定设计框架，进行一下信息对标。

自媒体运营方案从三个层级来做：心、骨、皮。在本书中，提供的是大致框架，大家还需要根据自身运营的不同渠道，进行细节调整。如下页图所示。

仔细一看，这个框架真的非常庞大且强悍，基本囊括了所有细节的要求。

我们稍微介绍一下，明天会对每个细节进行详尽的拆分。

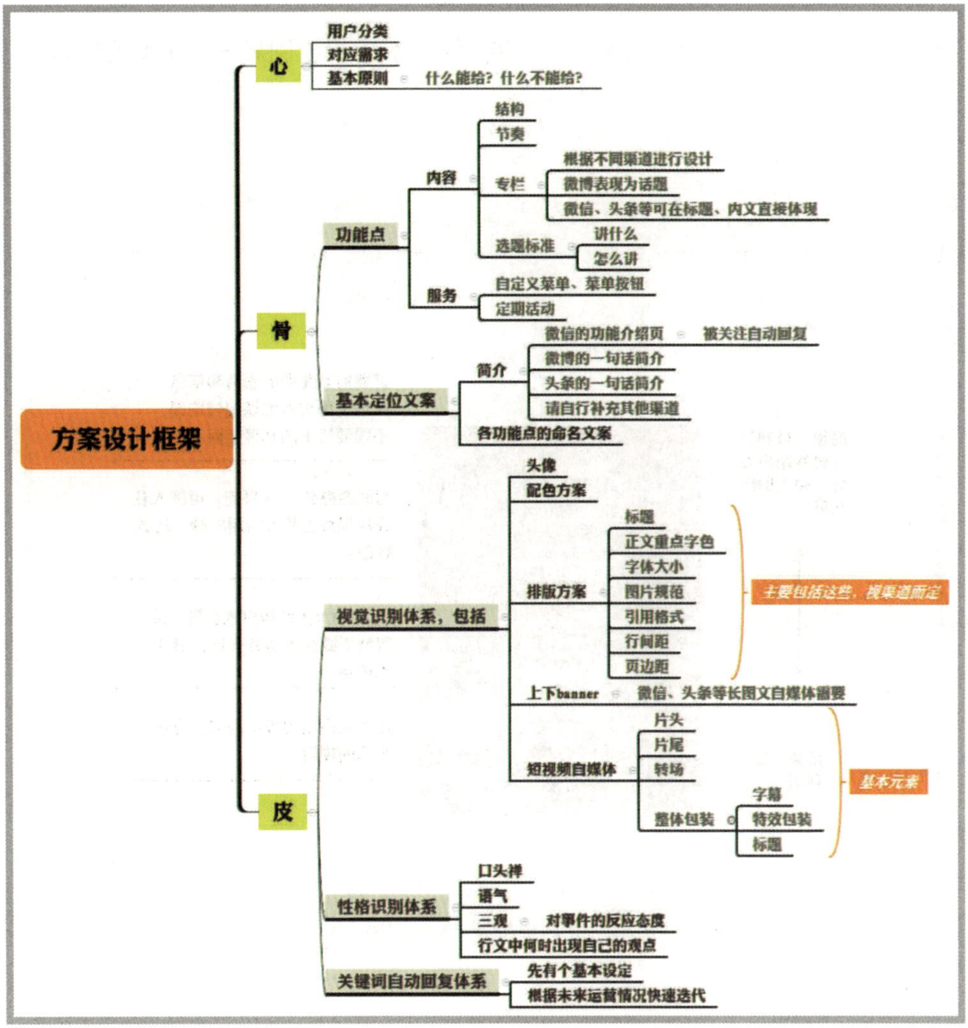
方案设计框架
心
用户分类
对应需求
基本原则
什么能给？什么不能给？
骨
功能点
内容
结构
节奏
专栏
根据不同渠道进行设计
微博表现为话题
微信、头条等可在标题、内文直接体现
选题标准
讲什么
怎么讲
服务
自定义菜单、菜单按钮
定期活动
基本定位文案
简介
微信的功能介绍页
被关注自动回复
微博的一句话简介
头条的一句话简介
请自行补充其他渠道
各功能点的命名文案
皮
视觉识别体系，包括
头像
配色方案
排版方案
标题
正文重点字色
字体大小
图片规范
引用格式
行间距
页边距
主要包括这些，视渠道而定
上下banner
微信、头条等长图文自媒体需要
短视频自媒体
片头
片尾
转场
整体包装
字幕
特效包装
标题
基本元素
性格识别体系
口头禅
语气
三观
对事件的反应态度
行文中何时出现自己的观点
关键词自动回复体系
先有个基本设定
根据未来运营情况快速迭代

1. 心

回归需求，我们将用户分为几个层级，每个层级的用户需求是什么。根据需求，我们定下原则：什么能给？什么不能给？回顾一下 LR 的情况。如下图所示。

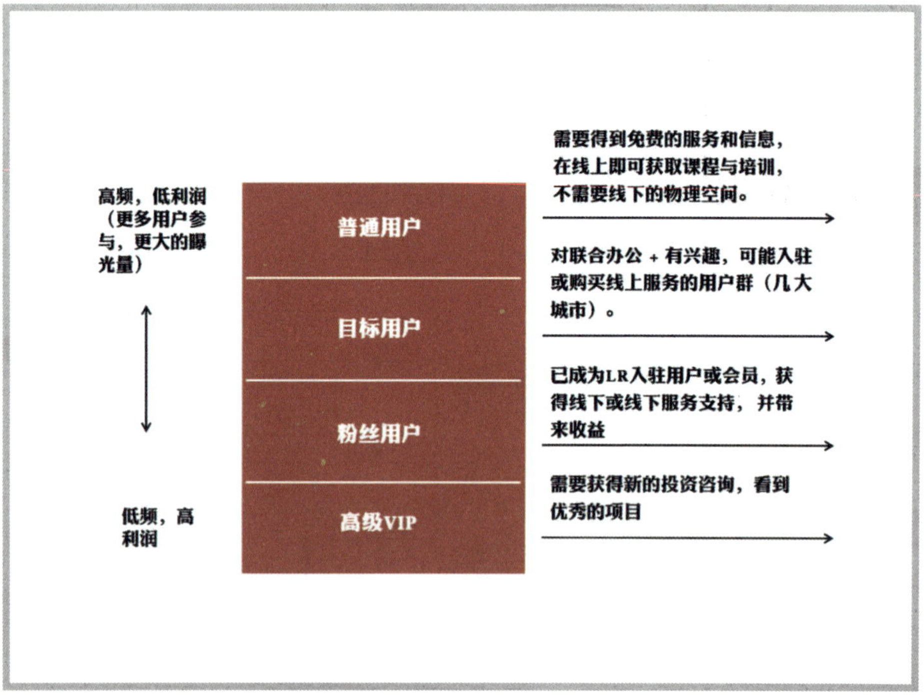

这就是最核心的内容了。

执行人员建议：话事人、内容专家中的自媒体主编、产品经理。

2. 骨

骨，包括功能点、基本定位文案两块关键内容设计，是支撑整个自媒体运营的核心框架。

其中，功能点包括内容、服务两块；基本定位文案则决定了大家对自媒体的第一印象，因此，也是重要的一块骨骼。

功能点：严格意义上，自媒体提供的无非是 2 种大功能分类，一是内容，也就是信息服务功能；二是工具型服务功能。

内容：必须包括内容结构、节奏（发布频次）、是否开设专栏以及每项的选题标准。

内容上的注意点：

（1）严格围绕用户需求；

（2）不建议发布与自身行业无关的心灵鸡汤，请注意，与自身行业无关。若有相应的关联，可找原作者要授权；

（3）发布频次以不骚扰用户为宜，非特殊情况千万别一天一发——每日咨询类媒体除外；

（4）专栏：是否开设专栏？考虑两方面：自媒体定位、生产能力。

提供专业服务、垂直领域、信息范围多方面等情况，可开设专栏。个人自媒体如“六神磊磊读金庸”“连岳”“和菜头”等，其自媒体本身就是一个大型专栏的运营，无特殊情况，无须开设。

（5）生产能力：包括编辑的个人生产能力以及通过其他途径的获稿能力，如交换稿、约稿、签约作者等，都是稿件来源；

（6）选题标准：根据内容结构，为每个不同的内容分类，确定选题标准，包括选题范围、细节方向、具体字数要求等。

执行人员建议：自媒体编辑、运营。

服务：

菜单按钮：微信、微博等平台都在与用户的对话框中提供了菜单按钮功能，经营双微要善于利用菜单按钮，其重要程序不亚于 APP 的底部菜单栏。

菜单按钮可引导用户使用工具、查看内容、参与活动等，空间有限，需要精心设计。此处需要产品经理支持。若无产品经理，自媒体主编本身就是自媒体的产品经理一角。

定期活动：

属于运营中用户互动环节，涉及推文、按钮、自动回复、关键词自定义回复等功能，需要视不同渠道而定，这是市场人员最需要思考的环节。

执行人员建议：市场策划、客服专家提出需求，产品经理提供支持，自媒体主编定夺。

关于自媒体的功能点，有一个非常重要的知识，就是“内容产品化、产品工具化”，只有做到这两化，自媒体才能更上新台阶，真正成为“大杀器”。这个知识体系相对庞大，在本书中无法详细描述，只好请您移步，直接观看视频吧。

视频 5　内容产品化，产品工具化

扫码看视频，解析“十点读书”“新世相”内容产品化套路

基本定位文案：最应该在今天内就完成的便是基本定位文案，他决定了大家对自媒体的第一印象，对应着自己的 QQ 号、微信号看一下，有签名档、各种信息框，自媒体的基本定位文案也是如此，包括：简介、各功

能点的命名文案。

怎么思考简介的各个场景呢？应视不同渠道而定，此处主要双微、头条，QQ 空间、企鹅号、短视频平台等自媒体，基本场景大致相同。

场景如下：

微信，包括关注页面中的功能介绍、被关注自动回复、上下 banner 所需要的引导文案；

微博：一句话简介；

头条：一句话简介、文内 banner 位文案。

执行人员建议：自媒体编辑、市场策划，引导者视工作情况安排。

3. 皮

皮主要包括视觉识别体系、性格识别体系。

视觉识别体系

自媒体的视觉识别体系，也一样称为 VI，但与传统的品牌 VI 不同的是，它的应用场景不一样，它必须包括以下几项重点：头像、配色方案、排版方案、硬 banner 规范等。

具体请参照思维导图的框架，但千万不要局限其中，可以再将场景细化。

此处的注意点是：

(1) 企业类自媒体，以原先的企业 VI 为指导思想，结合人设特点；

(2) 纯自媒体，或自由度较大的企业类自媒体，以人设特点为指导思想，佐以原来的 VI。

短视频自媒体的视觉识别体系较为复杂，此处只介绍基本元素，在明天的篇幅中会适当提供案例给大家，本书篇幅有限，不展开讲细节，或许下次将如何打造短视频自媒体，写一本详细的书籍提供给大家参考。

短视频自媒体的基本视觉规范，至少应包括：片头、片尾、转场、整体包装（字幕、特效包装、小节标题）。

执行人员建议：没得跑了，设计师你上吧。

性格识别体系

性格识别体系，相信很多人在看本书前，没有意识过性格的识别体系也可规范化。大部分人会认为，无非就是行文中带观点就好了嘛。事实上，性格识别体系是最需要规范化的。它主要包括：口头禅、语气、三观、行文中何时出现自己的观点。

几个注意点：

（1）**口头禅**：设定好出现的位置、节点；

（2）**语气**：刻薄的语气与宽容的语气是完全不同的，可能先行设置一些基本反应；

（3）三观：体现在对事件的反应态度上，尤其是讨论一些社会现象时，要特别注意设定好的三观；

（4）**行文中何时出现自己的观点**：文前、文中、文末都可以有专门的位置，要有专门的排版格式，但是，要固定才能养成用户习惯。

执行人员建议：内容专家

小结：明天还有一轮 PK，加油！

今天的主要工作就是确定最终的人设，并且为人设取一个响亮的昵称。同时开启重头戏：设计之旅。

为了所有的设计工作可以有序进行，今天要优先完成的是心、骨、皮中骨的一部分设计——基本定位文案，这部分的工作可以由引导者主导，自媒体主编、市场策划共同快速脑爆输出。

根据任务分配，今天的剩余时间，明天一整天都要快速进行整体解决方案的落实；在明天结束之前，还有一轮快速而简单的 PK 及小调整。

练习：在空白的纸上，画出你的自媒体 VI 体系应该包括的内容。

CHAPTER 5

周五：设计日

“设计日”是工作比较繁重的一天，所有的事情都必须快速推进。今天要做的是心、骨、皮的设计，所有的要点在昨天已经厘清。今天要合理安排输出的时间顺序，统筹安排每个人的节奏，以免出现有人忙得抽筋、有人闲得要死的状况。

“设计日”是工作比较繁重的一天，所有的事情都必须快速推进。今天要做的是心、骨、皮的设计，所有的要点在昨天已经厘清。今天要合理安排输出的时间顺序，统筹安排每个人的节奏，以免出现有人忙得抽筋、有人闲得要死的状况。

这个顺序是——

优先处理：心：用户分类、用户需求；骨：基本定位文案。

第二顺位：

整体大框架的视觉识别体系：头像、配色方案、上下 banner；

功能点中的两大块：内容、服务。

第三顺位：

性格识别体系：口头禅、语气、三观、行文观点位置；

内容细节视觉：排版方案（标题、正文重点字色、字体大小、图片规范、引用格式、行间距、页边距）；

若有专栏，进行专栏栏头视觉设计；

关键词自动回复体系。

最终呈现结果：

(1) 设计文档：图片文档展示、视频媒体可用平面设计图展示；

(2) 在线排版样稿：让所有人更直观看见设计的整体呈现。

这是我们进行 7 天人设的统筹经验，按这个顺序可达到前后承接，节奏鲜明，人员分工合理切换。

大家可以先看以下思维导图，理顺一下思路。

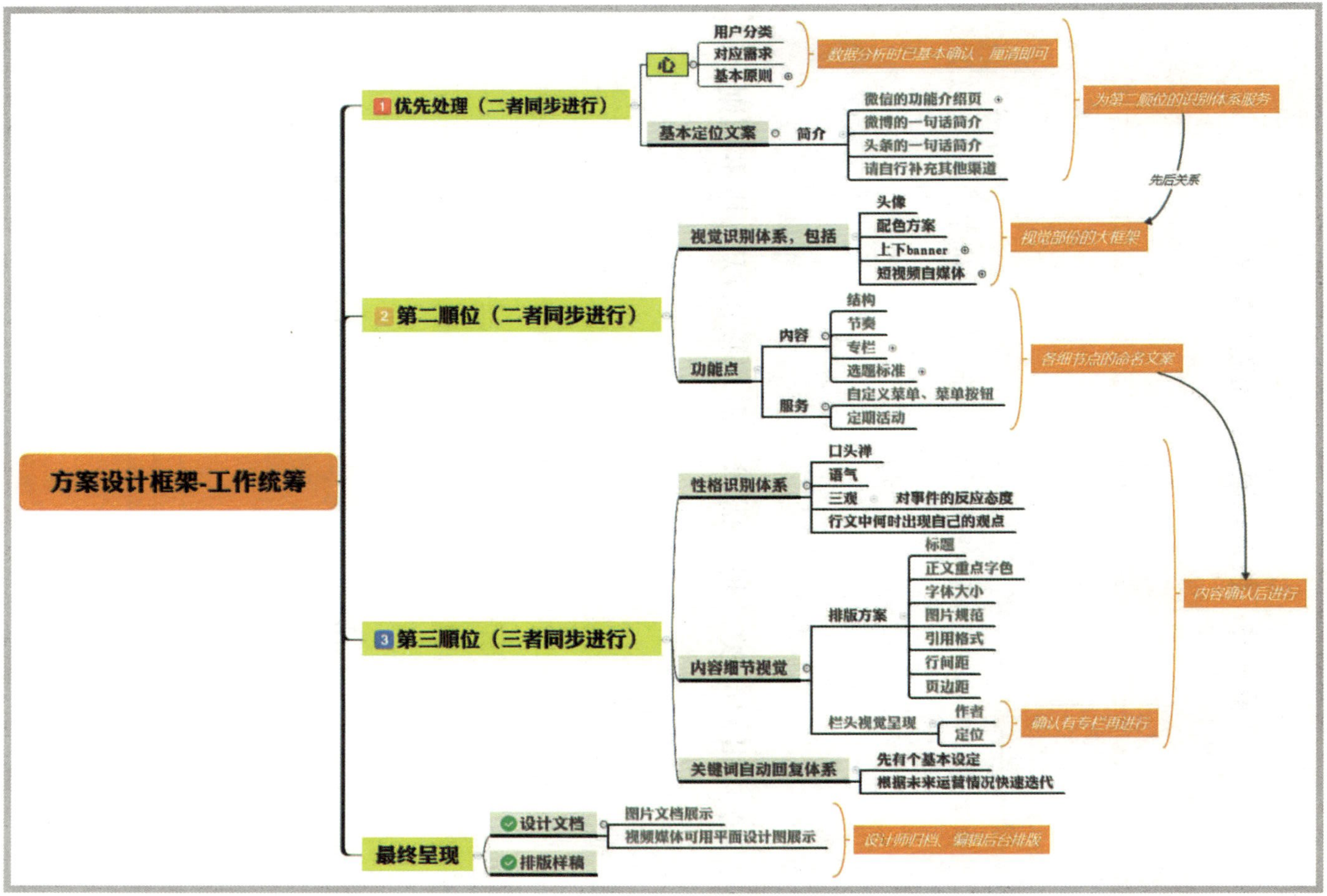
方案设计框架-工作统筹
1 优先处理（二者同步进行）
心
用户分类
对应需求
基本原则
数据分析时已基本确认，厘清即可
基本定位文案
简介
微信的功能介绍页
微博的一句话简介
头条的一句话简介
请自行补充其他渠道
为第二顺位的识别体系服务
先后关系
2 第二顺位（二者同步进行）
视觉识别体系，包括
头像
配色方案
上下banner
短视频自媒体
视觉部份的大框架
功能点
内容
结构
节奏
专栏
选题标准
服务
自定义菜单、菜单按钮
定期活动
各细节点的命名文案
3 第三顺位（三者同步进行）
性格识别体系
口头禅
语气
三观
对事件的反应态度
行文中何时出现自己的观点
内容细节视觉
排版方案
标题
正文重点字色
字体大小
图片规范
引用格式
行间距
页边距
栏头视觉呈现
作者
定位
确认有专栏再进行
内容确认后进行
关键词自动回复体系
先有个基本设定
根据未来运营情况快速迭代
最终呈现
设计文档
图片文档展示
视频媒体可用平面设计图展示
排版样稿
设计师归档、编辑后台排版

第一节 快速投票，拟出基本文案

事实上，第一顺位的两大版块，昨天已经要求要做完，我们可以再复习一下。

一、心：用户分类、用户需求、需求频次以及基本原则

用户分类包括普遍用户（潜在动力用户）、粉丝用户（已处于场景内用户）；针对分类，详细拆分出用户的身份分类、其具体使用场景；根据场景，详细拆分具体合理需求以及触发频次。

为了让一些企业自媒体运营者更好了解，我再给大家提供一个商业地产的自媒体案例，这个商场位于写字楼、居民区中，背靠一座小山，是一个典型的小体量城市综合商业中心。它的用户分类、人群身份场景、需求及频次如下：

用户分类	人群类别及场景	需求及频次
普遍用户	写字楼白领（工作）	更便宜的午餐需求（每天） 更近更方便的聚会需求（每周1~2次） 更便宜更方便的缴费停车需求（每月）
	周边居民（放松）	更近的休闲放松活动需求（每天） 更近更方便的家庭聚会需求（每周1~2次） 更方便带小孩子玩乐的需求（每周）
	登山者（爬山）	更方便的停车需求（每周1~2次）
粉丝用户	商场内消费者	wifi需求（每天） 商品优惠需求（每天） 免费停车需求（每天）

一定要拆到具体而细微的需求，才能认清接下来的功能、内容。

为了给大家再理顺一下思路，我们再看一张从心到骨、皮的设计思路规则图。如下图所示。

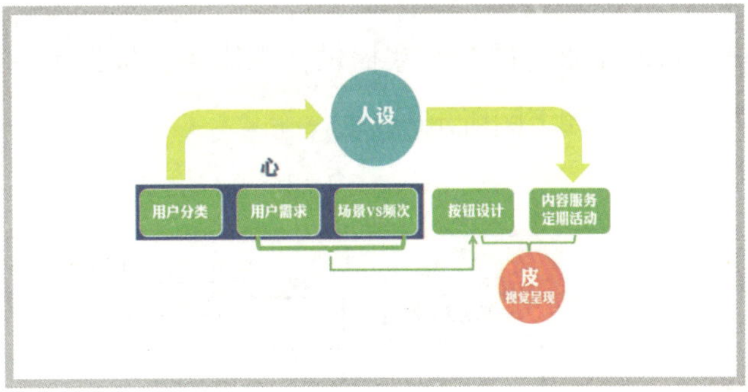

人设贯穿始终，根据人设的指导思想进行整体设计，人设的性格也决定了满足用户需求的基本原则。

基本原则：克制用户需求，令其产生饥饿感，还是尽快满足其需求，以你的人设为核心。

注意：自媒体重要层级位于核心时，可以稍微任性一些，让用户对人设有深刻印象。企业类自媒体、服务型自媒体，建议基于人设与用户进行需求沟通，不要太过于要小性子。

难点：判断用户需求真实性，用户说：“我要一匹更快的马。”其实他要的是“更快”而不是马。如果你给他车，也是可以的。

二、基本文案：考虑清楚位置、场景与重要性

基本文案的创作，分为基本版和进阶版，初次尝试 7 天人设，可以先完成基本版。事实上，基本版定调后，进阶版的问题就不大了。

1. 创作原则

向用户告知自己是谁，能为大家提供什么服务，根据定好的“心”以及人设，讲清楚即可。如下图所示。

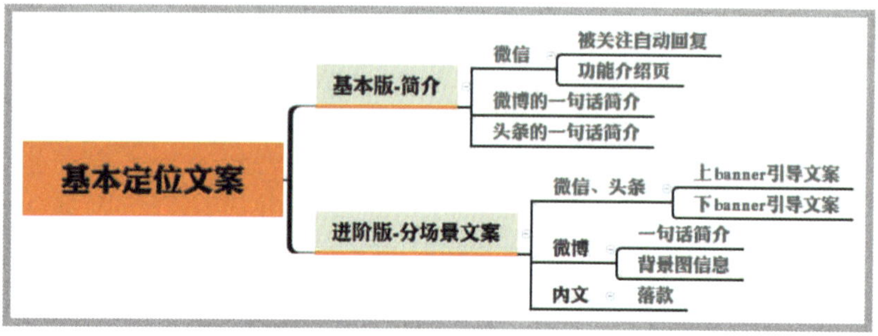

2. 基本版，看看“渣蜀黍”的作法

比如 500 万粉丝人气博主“渣蜀黍”，他的简介体系很好玩，完全从一个略带渣痞的“大叔”人设出发。

微博简介：【日用】搬运、制图、影评、吐槽、汉化。【夜用】# 蜀黍夜话 #，非匿名情感树洞，投稿请私信查看说明。

微信：

功能介绍页：蜀黍夜话，非匿名情感树洞。提问请查看底部说明。另：不定期更新搞笑 GIF，汉化蠢萌漫画。

被关注自动回复：感谢你关注 # 蜀黍夜话 #！

这是一个深夜里的非匿名情感树洞（PS：不匿名，不匿名，不匿名，重说三）。

有任何情感问题都可以在此微信里问我。回不回、怎么回都看心情。回复内容涉及冷嘲热讽、语言暴力、人格侮辱，不作任何安慰，务必慎重提问。如下图所示。

“渣蜀黍”的“心”是年轻的“叔控”，小女孩有强烈的倾诉欲，希望

有人能骂醒自己。“渣蜀黍”给自己设制的，是一个类似余文乐的角色，痞、瘦、帅、嘴毒，但是极有智慧，偶尔也提供一些蠢萌的内容。

他主营微博、微信，这两个地方不同的基本文案，大家都可以参考一下。

为企业服务的自媒体，要注意位面的转换，向一些自媒体大号学习。

注意场景位置，基本文案影响用户的关注决策：当用户扫码、搜索、点击名片、点击信息流中的头像进入后，映入眼帘的就是自媒体主页，简介便决定了用户对你的基本印象，如同一个人的个性签名档一般。

主要场景：与头像一起出现，各平台的主页设计，简介均位于头像下方，而关注按钮的位置也在附近，用户的典型动作是看完有兴趣，点击关注后进入或者直接返回离开。

微信功能介绍页。如下图所示。

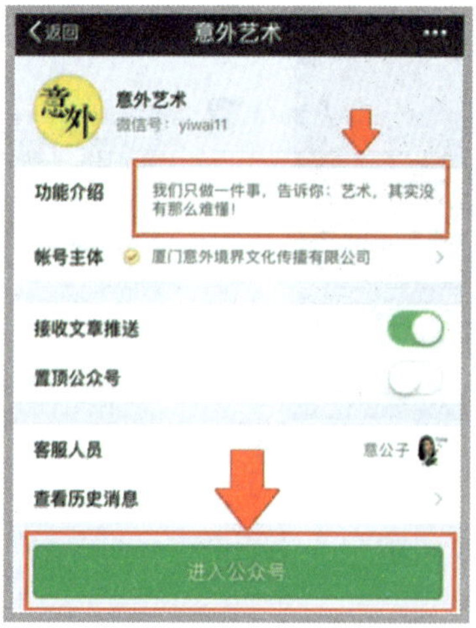

微博头像。如下图所示。

不加 V 的简介位置如下，在简介的下方就是关注按钮：

加 V 微博为认证信息，简介位于左边页面。如下图所示。

上图封面加红框的部分，即为进阶版场景——微博封面、背景的图片可更换，不要浪费这个空间，加上吸引人的信息。

下方的简介，包含了认证信息与一句话简介，也可发挥，例如，除了一句话简介外，还能加上希望用户同时关注的其他自媒体平台。如下图所示。

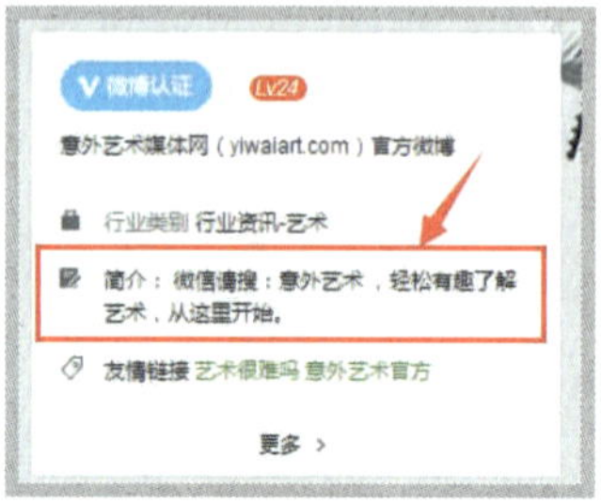

头条号。一句话简介也在自媒体主页的头像下方，其关注按钮在头像的右边，权重也相当高。如下图所示。

3. 进阶版：只要能利用的位置，就要合理利用

（1）微信、头条、微博长图文的上部与最底端，即思维导图上写的上下 banner，都可以合理利用，反复对用户洗脑。

如，微博上的某荐物大号——“差评菌”，上下 banner 是这么处理的，如下图所示。

上 banner。文字内容为：“我们不生产差评，我们只是群众意见的搬运工。”

下 banner。文字内容为：“不止揭露差评，还有差差评

一切差评仅代表个人观点

只想做一下正文客观的 PO 主

不喜可随便喷　反正你也打不到我

欢迎大家踊跃投稿”

不仅再次说明自己，还呼唤用户互动投稿。

头条的长图文，场景与微博长图文类似，由于平台的产品功能没有设计可跳转的位置，文案内容倾向于再次申明自媒体的服务范围、人设。

而微信则给运营者留了更多功能，例如，上 banner 可引导用户点击上方的蓝字跳转到关注页，常见这种，如下图所示。

下 banner 还可引导至点击“阅读原文”进入我们希望用户去的地址。如下图所示。

同时微信拥有识别二维码的功能，也是引导用户去向的重要功能。如下图所示。

这些场景的注意事项是：不能只向用户索取关注，而是要给他好处，有他可获得的东西。

(2) 微博会员可自行上传封面和背景图，我们就拥有了更多影响用户的发挥空间。

此处的主要用途，还是再次加强人设，让用户对你有强烈印象。

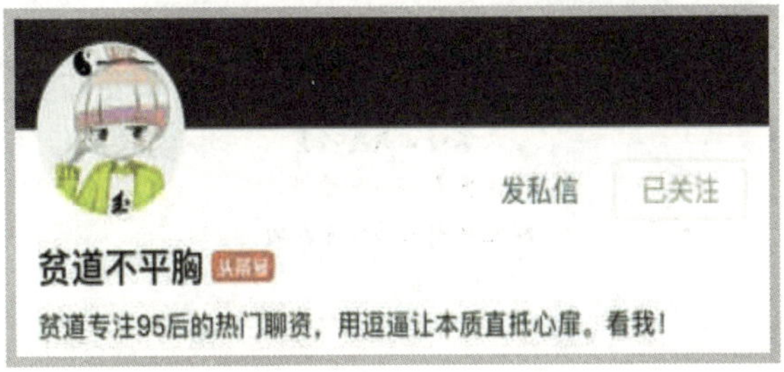

文字不用多，点明自身定位。如，贫道不平胸，就会说明是“超好玩的二次元 TOP 榜”。

而一些自媒体，则把这个位置拿来打自己的广告——如果你没有很强的影响力，不建议这么做，伤害用户。如下图所示。

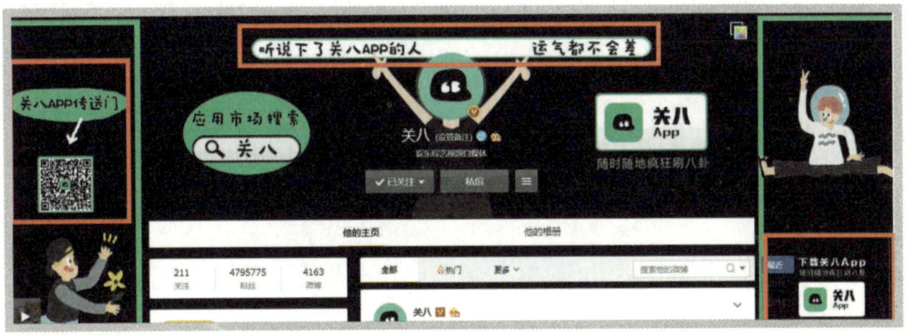

当然，他也给了一句：“听说下了关八 APP 的人，运气都不会差。”

(3) 内文落款。在任何一个平台，如果再次强调自媒体账号的调性、内容，可以在内容中加上落款。如，“阿莫学长”“豆瓣说”“大神说”等故事类媒体，就常这么干。

以上图片里的文字内容，可能是招呼式的欢迎词，也可能是欢迎投稿的邀请，都是相对有效的文案方向。

（4）文案创作要领：直接打标签。

a. 字要少，有记忆点。如“Hithere 街访”的介绍，特别好玩：“一档没几个粉丝的跨国街访节目”，调侃自黑，一下就有了记忆点。

b. 重点还是围绕人设，一句话定义得清楚。在昨天的最终人设确定时，就提醒过大家，要能拎得出定义自己的一句话，在此时就派上了用场。如，意外艺术的主持人“意公子”，她的自媒体账号也可以说是为了意外艺术这个官方媒体服务的，是矩阵中的一员。她文案很简单、直接、易记：讲艺术的女流氓。如下图所示。

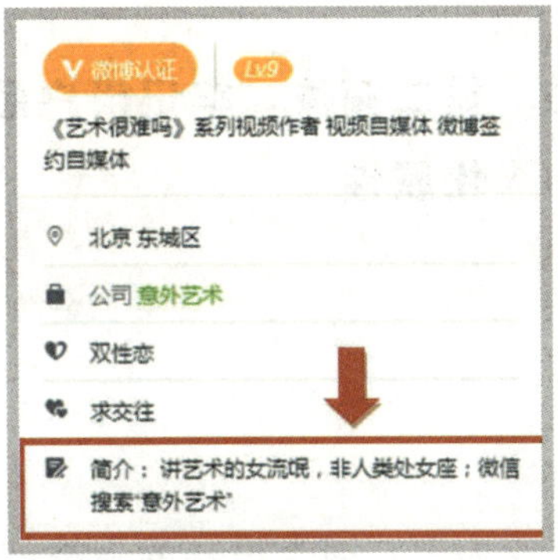

c. 直接而强烈地打标签。根据人设输出内容，体现出性格，甚至可以直接打标签。意公子除了在微博封面图上打上讲艺术的女流氓，简介里更直接打上了星座标签：非人类处女座。

(5) 快速出稿，快速投票。例如，LR 的基本文案输出，我们根据框架内的场景，拟好文案，并将每个场景拟成问题，请大家投票。

以下截图给大家感受一下：

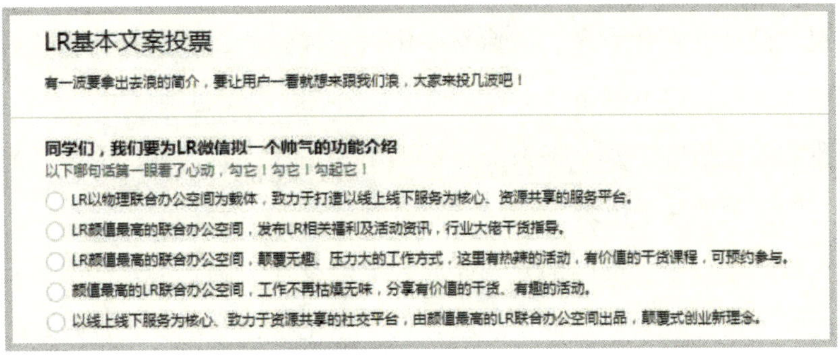

善用工具：金数据、问卷星。

特别提醒：每个场景，都是一个单独的问题。

第二节　第二顺位：牢记用户最爱的三大性格属性

第二顺位主要是两块内容，**视觉设计的大框架、功能点内容与服务**。后者在人设确立后会相对顺畅，而前者也许会有点痛苦，不过，有一些原则可以直接参考。

好消息是，二者可同步进行，互不干扰。

一、为角色画皮：萌、贱、调性

视觉设计，在我看来，就像女生化妆一样，什么风格打什么妆容，直男们常常笑称：这不就是画皮嘛？画皮怎么啦？画皮也是对用户的尊重。

我们前面研究了那么多数据，推理出了用户，设计出了人设，最终就要把它们完美地展示出来

在第二顺位中，皮的部分先完成大框架设计，确立了大框架后，第三顺位的细节设计就会轻松很多。就好像女生化妆，一定要先打好立体底妆和五官粗修，才能进行细节微调。这部分的重点如下图，包含头像、配色方案、上下 banner，短视频自媒体则对应片头、片尾、转场和整体包装。

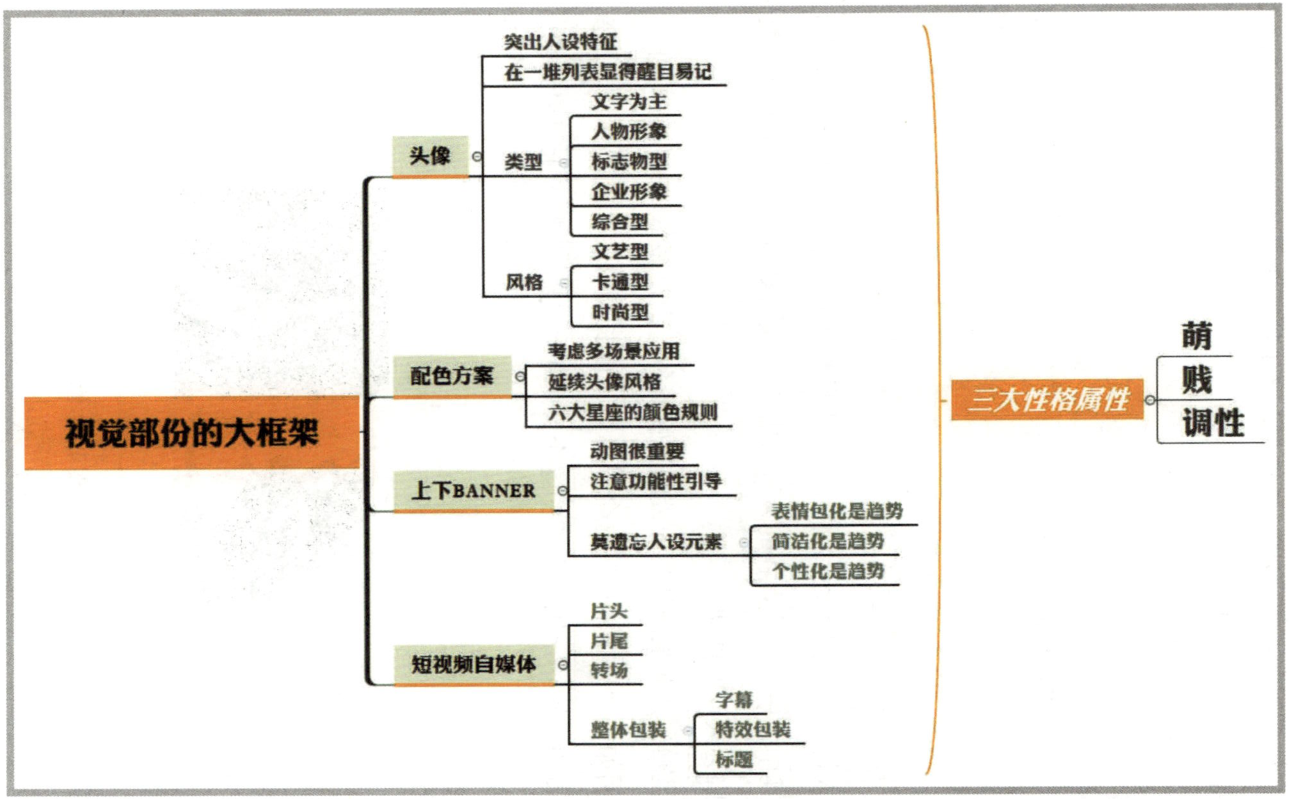
视觉部份的大框架
头像
突出人设特征
在一堆列表显得醒目易记
类型
文字为主
人物形象
标志物型
企业形象
综合型
风格
文艺型
卡通型
时尚型
配色方案
考虑多场景应用
延续头像风格
六大星座的颜色规则
上下BANNER
动图很重要
注意功能性引导
莫遗忘人设元素
表情包化是趋势
简洁化是趋势
个性化是趋势
短视频自媒体
片头
片尾
转场
整体包装
字幕
特效包装
标题
三大性格属性
萌
贱
调性

在开始设计之前，提醒大家，在第三章我们为大家总结了用户最喜爱的三大性格属性：萌、贱、有调性，每个属性下还各细分了3项，这些都是大家在做具体设计时可使用的参数。

头像：最妙的是一眼就能看到

关于头像，我们来聊聊突出人设特征、设计原则以及几个类型、风格的参考。

设计原则一：突出人设特征

人设定位对整个运营体系最大的显相作用力，便是在皮的设计上，头像是其中之一。翻看现在的大量自媒体，有许多都是直接以人物形象出现，也是因为人设的推动。

当然，并非强制使用人设的人物形象，而是多体现其特征即可。

例如，“思想聚焦”这个心灵型、成长型的生活类大号，它的头像是思想者的雕塑；“锦鲤大王”这个许愿型大号，就直接上了锦鲤画。如下图所示。

突出人设特征，还可以体现其性格、喜好，比如用人设喜欢的某种物品、风景或者角色，都是可以的。关键还是体现出自媒体的态度。

难点：有些企业自媒体，领导更倾向直接使用企业LOGO，可以尽量和领导沟通，请他授权 LOGO 的头像使用场景可进行适当优化，一样是使用 LOGO，能不能让 LOGO 带上情绪呢？大家可以思考一下。

设计原则二：一眼就能看到

自媒体的头像位置空间不大，如何在小空间里引起用户的注意十分重要。因此，如无特殊情况，头像设计的高标准是，在一堆头像中，能一眼就被用户看到。

验证案例：此前，我们做过一个游戏推荐 APP，取名“闲蛋”，意为闲得蛋疼玩闲蛋。这个 APP 的 iCON 设计，差点弄疯设计师。前后大概画了十几个版本，为了测试哪个 iCON 用户喜欢，我们将其 P 到应用市场的某个页面上和无数 iCON 混在一起，再拿去问用户，看他对哪个 iCON 第一时间有反应，观察其眼神的第一落脚点，便可得到答案。

为什么要这么麻烦呢？大家要知道，现在不管是 APP 下载，还是自媒体的获取关注，成本都越来越高了。好的头像能让用户第一时间看到，产生好感并下载或关注，能够节约相当大的成本。游戏行业的人就非常清楚这件事，一个好的游戏 iCON 能带来的下载量，不亚于一个小渠道推荐的力量。

五种分类：文字型、人物型、标志物型、企业型、综合型

目前市面上的自媒体头像，大概分为五类：

文字型：将自媒体的名字、关键字，设计成为头像，通过字体、颜色，体现自媒体人设与调性。如下图所示。

人物型：使用人物为元素，可以是真人，也可以是漫画。本身就有人物形象的自媒体拥有先天优势，比如，个人网红或者虚拟人物网红。如，“北美吐槽君”、漫画段子手“老鼠什么都知道”。“互联网的那点事”这个账号的头像则极有代表性，一个小姑娘戴红框眼镜，那不屑的眼神，如同平时此媒体的态度，有一种别样的吐槽感。如下图所示。

值得一提的是，人物型的头像现在大量往漫画的方向走，用户趋于年轻是主要原因。个人网红的头像，在此就不举例了。

企业类自媒体可以用人物型头像吗？当然可以，你可以自己设计一个形象，又或者用第三种头像分类。

标志物型：标志物可以是自媒体所在领域的代表性标志物，如美妆自媒体用上眼、唇、眉、口红等标志物，旅行类自媒体则使用车、旅行箱、铁路等标志，记得将人设的调性作为筛选标准。一个朋克风的美妆自媒体，若使用粉色系、小清新的口红和粉玫瑰就不合适了。

企业类、单位类、政务类官方自媒体在这种类型里，能尽量发挥：一从行业里挑选标志物；二从业务里挑选标志物；三从企业代表人物里挑选标志物。只要标志物可极好地代表企业，同时能在一堆头像里脱颖而出，即是好头像。可惜现在在这上面发挥得好的代表并不多，“梨视频”可以算一个，可惜它同时也是“梨视频”的 LOGO，算不上特别发挥。“小米手机”也算一个，它的头像是其最新的手机，算是广告方式的一种吧。如下图所示。

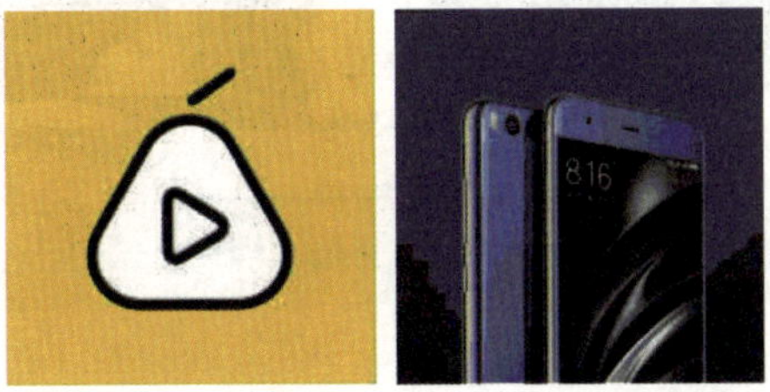

企业形象型：上面说了企业类、单位类、政务类自媒体在头像上表现乏善可陈，主要原因也是大量此类型自媒体，都在使用原来的企业 LOGO，有所发挥的不多。建议大家采用标志物 + 企业 LOGO 进行再次创作。

倒是“华为终端官方微博”这个企业自媒体在头像上玩得极好，等下会说到。

综合型：将三种元素两两结合，也无失为一种创作方式。如，近 2000 万的大号“冷笑话精选”的头像——冷笑话的 IP 贱贱的黄兔子 + “冷”字 + “精选”2 个小字。“南京美食”也不错，大快朵颐的嘴 + “美食”2 字，在一排头像中，实现抢人眼球。如下图所示。

头像的巧妙玩法：头像封面二合一，也就是说头像与封面在设计时，作为一个整体进行设计，有奇妙的效果，适合微博、QQ 空间。

大家先来看以下这张奇妙的图：

发现神奇的地方了吗？“贫道不平胸”并非认证的官方蓝V，但是，通过设计，我们把封面玩出了花样。

贫道不平胸的头像是这样的：

设计师先将整个封面包含头像部分，设计成同一张图，在图中加上我们想加的元素，如蓝V、贫道的整个身体、动作；再将头像所占据的空间计算好尺寸，单独截下那部分画面上传为头像。最终得到想要的显示效果。

前面说到，“华为终端官方微博”在头像领域很会玩，也是深得这种玩法的精髓。它的整体微博封面是这样的。如下图所示。

而它的头像则是张艺兴的部分及那部华为手机。如下图所示。

是不是很酷？QQ 空间也一样可以这样玩噢。

作业：根据微博、QQ 空间的尺寸，试着做一个二合一封面。

配色方案：六大星座的颜色展现

配色方案和正常的品牌设计、VI 设计一样，根据最终人设上的颜色，进行比例调整即可。

三个注意事项

考虑多场景应用：由于是全平台自媒体运营，大家一定要考虑到社交媒体的不同应用场景，能快速响应情绪变化。例如，哀悼场景、欢庆场景；有些属白天场景、夜晚场景；以方便运营后期调用配色，不需要临时找设计师给颜色。

另外，在移动互联网的交互设计理念里，浅灰色一般用在不能被点击的场景中，用户已经被培养了习惯，浅灰色意味着不能点击、不重要，**无特殊情况，不要使用浅灰色。**

延续头像风格：头像采用的主次颜色，一般来说决定了配色方案，沿用企业品牌 VI 的自媒体可能会碰到困惑——我们是继续企业的品牌 VI 呢，还是另起炉灶。根据我们上文的建议，自媒体与企业的 VI 要有延续，也要展示个性，所以，自媒体的配色方案，还是请延续头像的风格。

六大星座的颜色规则：在第三章中，我们重点提了 6 大最具识别力的星座，每个星座都有其对应的颜色，当你决定用什么星座后，从中挑选合适的配色。

上下 banner：三大趋势请牢记

上下 banner 的位置及场景，在上文详解基本文案时已描述过了，当根据场景、需求拟出文案后，设计师根据人设性格、头像风格，开搞！有几个要点：

动图很重要

非常可惜，书本里看不出动图的特效，但是可以给大家分页显示动图中涉及的不同样式。

如，十点读书的上 banner 设计，LOGO 是逐步展示的，如下图所示。

“意外艺术”则采用了梵高油画中的意象，“意外小人”拉开拉链后，星空从灰变为原色，主文案露出。如下图所示。

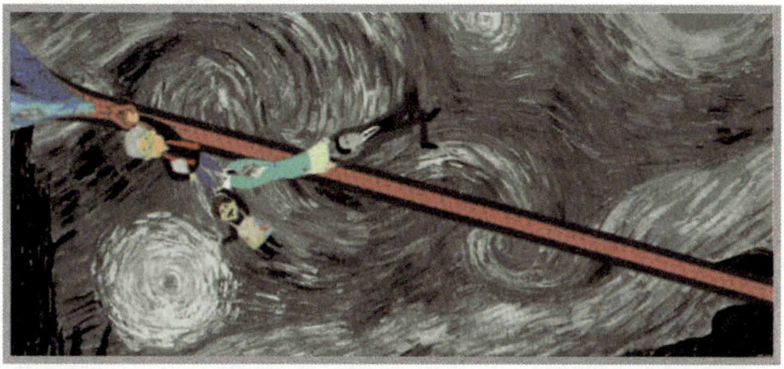

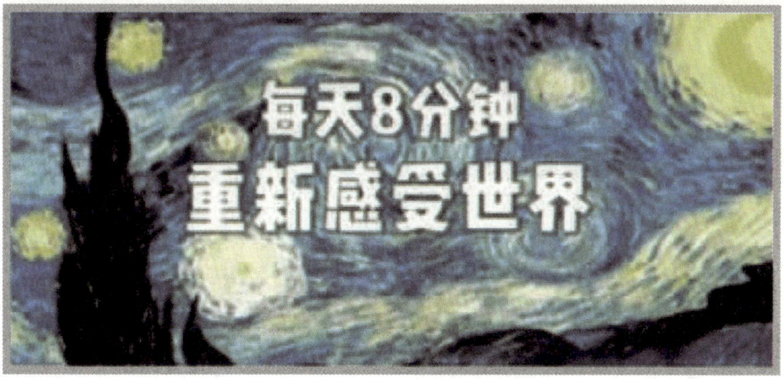

这是一个很妙的动图设计。

注意功能性引导

当然，在许多场景下，动图会被使用来做功能性引导。如下图所示。

如，我们的二次元自媒体“贫道不平胸”，画上手指指向的是关注按钮，这便是功能性的引导，提醒用户潜意识里发现对应的功能按钮。

微信的上 banner 对应的自媒体名字，也是一个超级链接，可跳转到关注页，大家也可以在上面下功夫。如下图所示。

一个曾被微信的产品经理在某全国案例分享会上提到的大号“嗨小冷”，打造了一群超冷的虚拟形象，他们是这样处理上 banner 的，带着他们贱贱的冷幽默。

下 banner 的功能性引导，多指向阅读原文、点赞、留言等平台设定功能。

按着意公子“搞艺术的女流氓”的逗逼人设，意外艺术的下 banner 和性格、领域结合得也相当好，大家可以通过 2 张图看到动效的变化，蒙娜丽莎做鬼脸以及 2 个文案的变化。如下图所示。

这里有个小细节，阅读原文的引导，可以通过颜色一致引起用户注意，设计师做图的时候，别忘记吸个色。

又或者，可以直接在阅读原文上方的位置，做一个指向按钮，通过动效引导用户点击。如“冷笑话精选”：

还有一些自媒体，追求点赞、留言量，它们会这么做：

那几个蓝色的向下三角形，是动态的，用户的眼睛会不自觉地扫过去。

莫遗忘人设元素

从上面几个优秀的案例，大家应该也都发现了，它们能给用户留下印象，便是和其自媒体人设紧密结合，体现出其特性，也有不少被其他自媒体盗用。盗用不好，模仿可以，建议大家多研究新榜上排名靠前的那些自媒体，通过他们来学习，还是少一些盗用吧——来自一个常被盗用的自媒体 CEO 的心声。

在上下 banner 的场景里，能进入并阅读的都已经是“入坑”的用户，在设计上，要尽量留住他们——互联网里，每个细节都可能产生留存关键！有 3 个重要趋势，大家一定要记住：

表情包化是趋势：对应着用户三大爱之“萌、贱”这两种属性，用表情包来吸引最佳。表情包是年轻人对话的新方式，他们可能不爱用语音，不爱用文字，但互扔表情包对话，一定是属于年轻用户的新语法。因此，在设计时多考虑将设计元素表情包化，带上相应的情绪。

简洁化是趋势：对应着用户三大爱之“有调性”，其中的洋派、古风都倾向于简洁化，指向明确，大方优雅。

个性化是趋势：对应着用户三大爱之“有调性”的嘻哈，越多符合自己人设的个性化体现，越能吸引目标用户。

二、功能点设计：内容做日常留存，服务为拉新促活

功能点设计是自媒体之“骨”的核心，它必须紧紧围绕着“心”走。

复习一下自媒体的运营金三角：

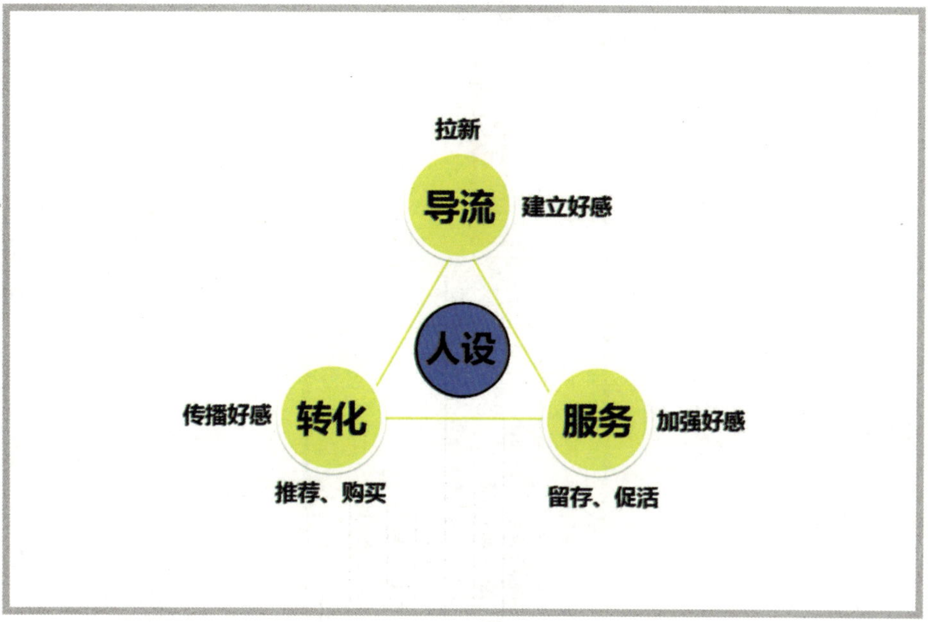

自媒体无非就是这三个动作，建立好感——加强好感——传播好感，在功能点设计，本质都是为了“加强好感”，本质上都属于服务，无非一个是内容信息服务，一个是工具按钮服务。这两个，一个是为了做留存，一个是为了促活，偶尔有可能顺带着拉新。

功能点设计主要路径如下：

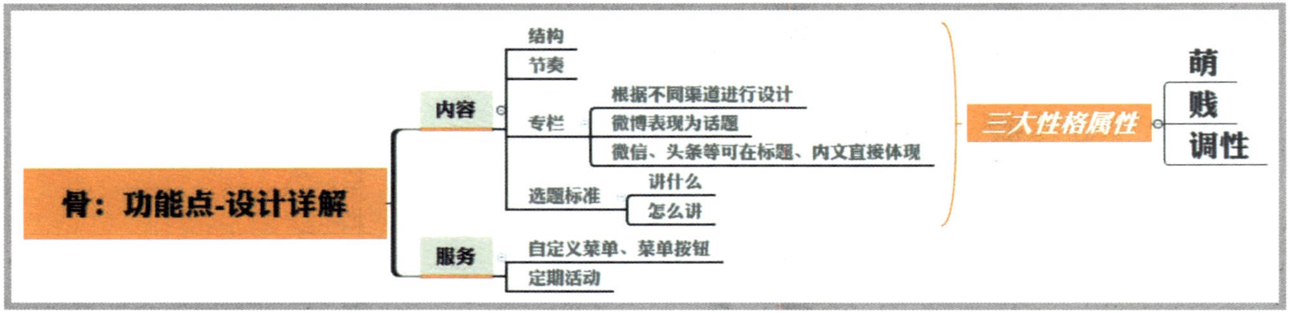
骨：功能点-设计详解
内容
结构
节奏
专栏
根据不同渠道进行设计
微博表现为话题
微信、头条等可在标题、内文直接体现
选题标准
讲什么
怎么讲
服务
自定义菜单、菜单按钮
定期活动
三大性格属性
萌
贱
调性

1. 内容服务：克制！克制！克制！

有许多人跟我抱怨，微信自从把信息提示数量去掉，变成小红点后，阅读数就大幅度下降。其实，我很想反问一句，如果微信不做限制，你平时的内容就有很多人打开吗？

别把 PUSH 不当骚扰了。从技术本质上，公众账号的推送就是邮件的分发，是一种 PUSH 式信息传达方式，就像有的 APP，天天提醒你打开，你会不会不胜其扰？

在如今的自媒体形式下，如果你推送的内容对目标用户意义不大，他没有使用场景，那么，无论你在哪个平台运营自媒体，**你的推送本质上就是骚扰，还有可能引起反感并取消关注！**

视频 6　揭秘：5 分钟就得打开一次微信，你无法停止刷新朋友圈的原因

扫码看视频，6 分钟教你利用场景应用抓住用户

我们在设计内容时，要特别注意围绕用户需求——就是上文的“心”出发。从结构、节奏、专栏打造、选题标准上用心。

2. 功能服务：工具化！工具化！工具化！

功能服务分为两大块：按钮、活动。

按钮：在一些自媒体平台上，功能服务主要落定在对话框按钮上，如

微信、微博，那么，要好好利用好平台提供的位置，为我们的用户提供功能性服务。

一般来说，能落定在按钮上的可能是文章、H5、小程序或者外链。

按钮的核心本质是工具化服务，需要常查看的文章，常使用的 H5、小程序或者外链放在此处。

活动：如果你要和用户互动，常见入口会在被关注自动回复、菜单按钮、阅读原文或内容所带的链接上。活动的本质是促活，让老用户或沉寂用户重新被唤醒，进入到互动环节里。

我们还是通过案例来了解如何设计吧。

3. 看些案例：骨乃立足之本

我们以本章开头的商业地产以及 LR 联合办公为例，大家了解下内容、服务的设计。骨是立足之本，也是留存、活跃度的关键。

(1) 拆解需求，打造服务功能

在本章开头，这个商业地产的“心”已经被完整分析设定，我们得到以下重要信息。如下图所示。

用户分类	人群类别及场景	需求及频次
普遍用户	写字楼白领（工作）	更便宜的午餐需求（每天） 更近更方便的聚会需求（每周1~2次） 更便宜更方便的缴费停车需求（每月）
	周边居民（放松）	更近的休闲放松活动需求（每天） 更近更方便的家庭聚会需求（每周1~2次） 更方便带小孩子玩乐的需求（每周）
	登山者（爬山）	更方便的停车需求（每周1~2次）
粉丝用户	商场内消费者	wifi需求（每天） 商品优惠需求（每天） 免费停车需求（每天）

接着，我们单独将需求拎出来，进行排序、整理，并且列出解决功能。如下图所示。

高痛点、高频次需求		解决方案	对应功能
停车	更便宜更方便的缴费停车需求	快速在线缴费（线下空间更清晰地引导）	缴费按钮
	更方便的停车需求	在线路线引导（线下空间更清晰地引导）	路线按钮
	免费停车需求	消费抵扣车费	抵扣按钮
W IFI	信息更好连接更方便的需求	无需问密码，直接通过微信连wifi	wifi按钮
高频次需求		解决方案（对应到自媒体功能）	对应功能
优惠	更便宜午餐需求	优惠卡券、分享优惠	优惠按钮（内设分享环节）
	商品优惠需求		
低频次需求		解决方案（对应到自媒体功能）	对应功能
活动+场地	更近的休闲放松活动需求	针对周边住户针对举办亲子类、美食类及节庆活动	活动按钮（注意活动流程优化及转化率，如：在活动过程增加摇一摇等线上互动，可引流至公众号，并增加转化）
	更近更方便的家庭聚会需求		
	更方便带小孩子玩乐的需求		

这张表格大家可以直接采用，把需求、解决方案、对应功能一一对照。

从表格中可以看出，活动类设计对运营者来说是最高需求，然而对用户来说，处于较低频次需求，因此，在设计活动时，一定要能带给用户足够的获得感，在流程中将用户导向对运营者有利的方向。

如，这个商业地产的活动，我们是这样给出建议的，如下图所示。

另外，需要对功能进行分类，把权重最高的 wifi 需求，放在一级菜单，其他可合并同类项，放入二级菜单，在一级菜单处写清功能。如图：

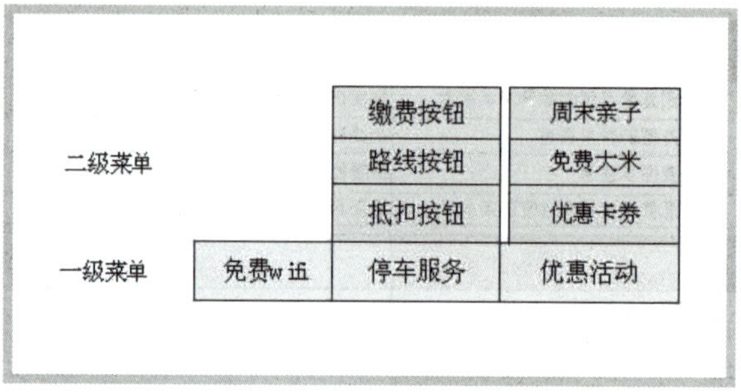

在拟定功能时，需要对文案进行优化，比如 wifi 功能，如果写“免费 wifi”，用户的心理接受程度更高。在该图内，需要优化的还有很多文案，大家来做下作业吧！

作业：在空白处填入你觉得合适的文案：

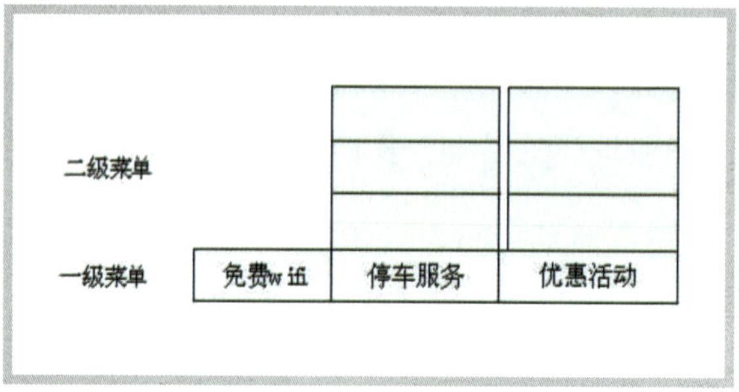

(2) 内容需求：分角分类，打造专栏

我们回顾一下 LR 联合办公的“心”以及其对应功能如下图。

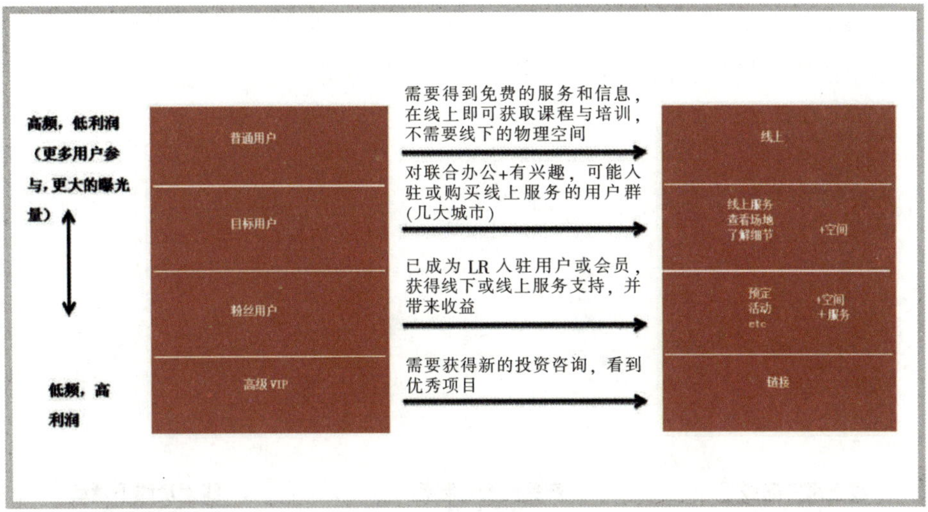

最大量的用户——普遍用户，最高频次的需求位于第一层级：即免费获取资源、课程与培训，在线上即可获取 LR 提供的服务和工具支持。针对这一部分用户，我们选择打造一个完整的线上服务体系，专门为创业者提供线上服务与技术支持。而针对目标用户、粉丝用户，我们还需要考虑其查看场景、了解细节、建立链接等需求，因此，内容框架如下图。

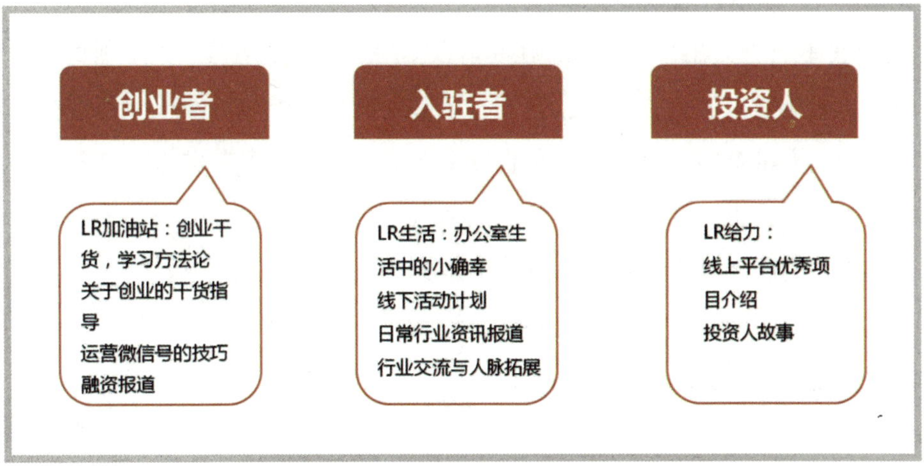

这些内容，都能针对性地设计成推送文章的不同专栏。同时，还要生成相应的固定链接，放入菜单按钮中。如下图所示。

推送节奏：根据输出能力与周期而定

栏目众多，需要安排好不同栏目的推送节奏，同时还要考虑休息日、工作日不同的内容需求。

关于活动，在休息日前两天推送，留给大家时间报名以及准备行程。

专栏设计：重点打造核心专栏

LR 联合办公用户的需求，在此前数据中显示关于运营、关于项目商业逻辑学习的需求最重，因此，我们将运营干货、优秀项目两项列为核心专栏，投入大量精力输出，从某种程度上，优秀项目一来提供给入驻者项目曝光的机会，也让其他人学习到了如何做商业逻辑的拆分，引发思考，更让投资人能进行项目筛选，建立投融双方链接，三合一效果极佳。

大家在做专栏设计时，核心栏目的原则是同时能满足双方甚至三个不同用户角色的需求，或者满足其中一方最大痛点需求。

内容逻辑：设计版块，实现工业化输出

有一些优秀的自媒体，大家一看就大概知道他们今天主要文章由几个板块构成，但并不影响我们对其的阅读欲，更清晰的板块划分，让运营人员每次都清晰自己需要采访、整理哪部分的信息，也可以称之为自媒体内容输出的套路。

如，“二更”的套路是一段视频、一张人物图片、一小段人物故事，最后一段二更君语。如下图所示。

“咪蒙”的套路是一个旗帜鲜明的观点、三到四个身边人的故事，最后再强调自己的观点。

美食自媒体的套路是一张诱人的动图、一份食材清单、一段操作视频，最后一段感慨的话。

多去翻一些大号的文章内容，总结套路，对我们做内容、专栏结构设计极有帮助！我们在做 LR 联合办公的优秀项目介绍栏目时，便参考了“36Kr”“钛媒体”等知名科技媒体，得出一个套路：起手一段该项目最亮点的介绍与权威人士一句话点评，不超过 50 个字；接着是项目名片，包括名称、领域、创始人；第三部分是创始人简单介绍，重点突出与众不同之处；第四部分，对项目的 3~4 个重要逻辑进行拆解；最后，来 2 个关键问题的 Q&A。

拥有这个套路，即使换了编辑，新人也能快速上手。这就是自媒体能做到工业化生产的秘密了。

短视频自媒体也一样，按时间对节目进行分块切割，设定起承转合；每 1 分钟出现几次笑点或泪点；笑点使用叠加法，比如 3 个小笑点要紧跟着一个大笑点，就是相声里所谓的抖包袱。

好莱坞大片是内容工业化生产的典型代表，据说，关于追逐戏的桥段，好莱坞就总结出了 56 个以上！

不要拒绝套路，拥抱套路。

第三节 第三顺位：还要考虑编辑事宜

经过前 2 步，自媒体的基本运营体系已经设定完毕，剩下的就是细节部分的工作了，主要包括：性格识别体系、内容（内文）细节视觉、关键词自动回复体系。如下图所示。

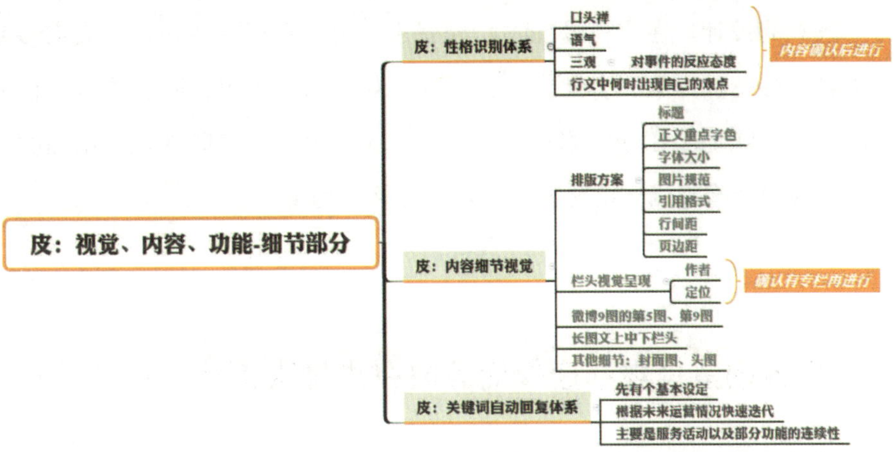

一、性格识别体系：设定口头禅、态度的定点位置

性格识别体系听起来有点抽象，事实上，就像是不同性格的人对打招

呼、谈论事件等行为有着不同的反应一样，并不复杂。

关于观点与态度：一般来说，无论是图文内容还是视频内容，在开头、结尾2个地方，是顺理成章的位置。

口头禅、语气：具体则可以体现在以下几方面：

1. **对粉丝的称呼**，"关爱八卦成长协会"就称呼粉丝为"小老婆们"，"意外艺术"则称呼粉丝为"后宫真爱粉"。

2. **对人设定位的一句话概述**，"关爱八卦成长协会"常说，"我们不生产八卦，我们只是娱乐圈的搬运工"。

3. **口头禅可以经常出现**，1000字内出现3次至5次问题都不大，上下文能顺畅即可；而短视频自媒体则可以多出现一些，多些自黑、幽默，粉丝的接受度则更高一些。

三观的设计：在人设设计时已经完成，再次多提一些建议，大家多考虑真诚、分享、开放、多元化几个方面。如，当热点事件时，要有自己的判断，不一味地站在弱者的一方。三观主要在追踪热点时体现，站在哪一方或者提出什么观点，结合热点时以设计标准为主。

二、内容细节呈现：选择优秀的在线排版工具

内容细节需要重点思考的有：排版方案、专栏栏头、微博9图的第5第9图、长图文上中下栏头4个场景。

1. 排版方案

包括：标题、正文重点字色、字体大小、图片规范、引用格式、行间

距、页边距等，自媒体发展到今天，各种插件、排版工具、图片库都已经十分发达，因此，大家只需要根据设计好的视觉大框架进行落实。

特别注意

（1）**标题**：考虑字数、形式，一般来说，正文主标平台已限制好输入样式和位置，只需要根据平台显示字数，进行对标题字段的切分与字数限制；形式主要指的是文内小标，简单点的便是使用排版工具，固定好样式，如果想提高颜值，可以用 Photoshop 做好标题模板，提供给编辑每次可修改文字，生成图片上传即可。大家可以看以下“物道”的做法：

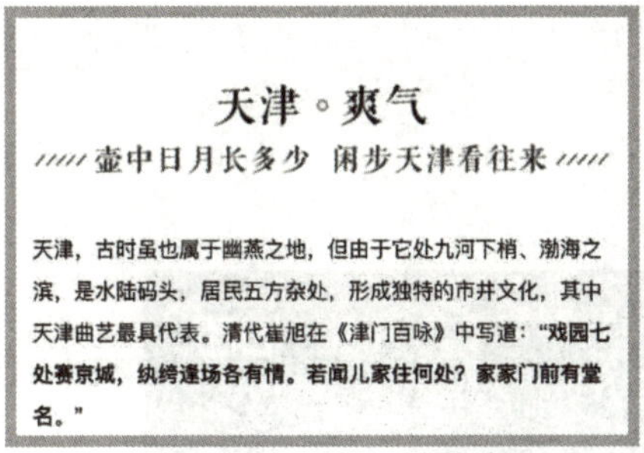

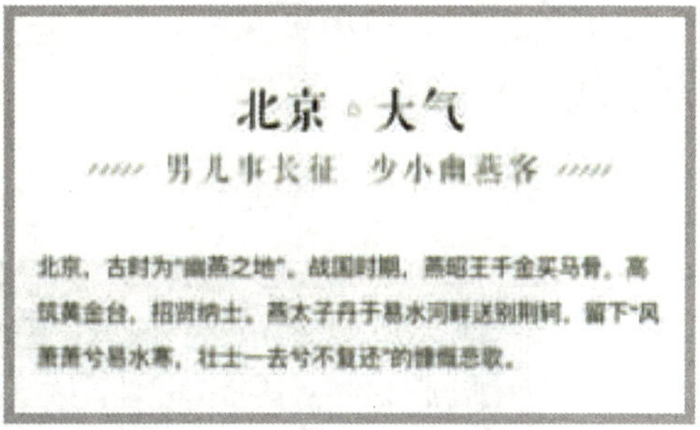

用 Photoshop 做内文小标的好处是字体、设计可选择的更多，能与整体风格统一，毕竟排版工具不一定都能提供符合人设的设计。坏处是编辑处理起来麻烦一些，要开 PS 软件、要上传图片，都会耗费一些时间。可以根据情况自行决策。

（2）**引用格式**：主要有 2 个场景，一个是引用自身人设观点时，需要进行特殊设计；二是引用重要人物说法、重要资料时，需要进行设计，二者设计形式不能一样，前者重要过后者。“笔记侠”是这么处理的，如下图所示。

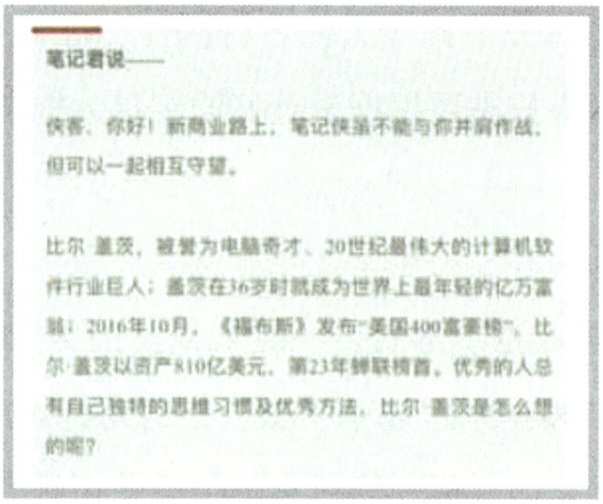

笔记君说——

侠客，你好！新商业路上，笔记侠虽不能与你并肩作战，但可以一起相互守望。

比尔·盖茨，被誉为电脑奇才、20世纪最伟大的计算机软件行业巨人；盖茨在36岁时就成为世界上最年轻的亿万富翁；2016年10月，《福布斯》发布“美国400富豪榜”，比尔·盖茨以资产810亿美元，第23年蝉联榜首。优秀的人总有自己独特的思维习惯及优秀方法，比尔·盖茨是怎么想的呢？

在文章开头，笔记君会像报幕一样，在这个特殊样式里，介绍自己，介绍本文重点；

在文章中，引用重要语句里，笔记侠进行了特殊处理，一样是用图片的方式，如下图所示。

于用户能快速获取重要信息，于运营者只要有用户将此图分享到朋友圈，笔记侠不仅能得到曝光，上方的二维码还有可能产生导流。

（3）**字体大小，不建议选用太小的字**，有许多设计师、编辑在设计时，下意识想选用小字，如10、五号，但手机屏幕本来就小，小字号的阅读体验不佳，尤其是用户年龄层较高的自媒体，一定要记得选大字，14、15都无妨，若显得拥挤，相应将页边距、行间距进行调整即可。

（4）**图片规范**：选图规范要确认。如，太模糊的图不要，上面有LOGO的不要。

如何出彩：不怕麻烦的话，将图片进行统一调色，或者在图片上加上表达心情、态度的文字——自媒体的好处是，只要有空间，就能往上加信息维度，你唯一需要做到的是克制自己的表达欲。

推荐排版工具：秀米、i排版、135编辑器，值得一提的是新榜编辑器还能保存样式记录，推荐。另外，还有一些可以绑定不同自媒体账号的浏览器插件工具，如壹伴，大家可以安装。好工具，事半功倍。

2. 栏头视觉呈现

如果有固定的专栏，那么专栏的栏头设计显得十分重要，栏目定位在此体现。如果你的栏目是约稿制，在此处设计上体现作者的信息，对作者肯定，约稿也容易很多，这是一件互惠互利的事。

上图“刺猬体验 Live”这个账号，就将作者体现得淋漓尽致，信息量

十足，从而网络了许多年轻写手。

上图的清单则在栏头体现了输出量和自己的 Slogan。

3. 微博 9 图的第 5 图、第 9 图

朋友圈、微博以及一些短内容的平台，几乎都会提供 9 图上传的功能，在目前的各大平台上，9 图是一个最受欢迎的表现形势。

而在 9 图里，第 5 图位于视觉的最中央，第 9 图是一个重点结尾，因此，是我们可以着重用力的点。如下图所示。

“差评菌”就是这么做的，在第 5 图，即便用户不打开大图，也能看清其中的重点字样：粉丝投稿，对内容有个大致判断——一般来说，投稿、群众意见，都是大家喜欢看的内容。

第 9 图则会用上一些引导性的话，比如“帮我点赞”，或者再次体现自己的定位。

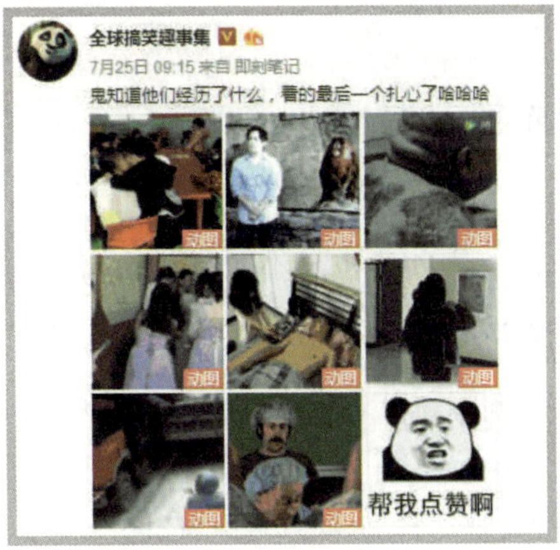

如上图所示，表情包化、萌贱性格用这种办法，用户不容易反感。

4. 长图文上中下栏头

如我们上文内容设计中所说，有许多内容是可以套路的，这些“套路”

也无妨让粉丝知晓，切分得清晰，交互体验更好。比如，“陛下开饭了”“美食工场”“粤知一二”等的做法，以下图片供大家参考：

前二者从开始做人设，就使用了7天人设冲刺的整体设计方法论，最终结果也是相当令人欣慰的。

5. 其他细节：封面图、头图

在不少自媒体平台上，封面图决定了你的打开率，头图决定了用户继续往下看的阅读完成度，因此，也是不可或缺的细节。

我们“贫道不平胸”这栏二次元ACG节目，在最难做量的B站上，拥有不少忠诚的拥趸，封面图就常会带出“贫道”萌贱的个性。如下图所示。

微信环境里，封面图的重要场景是，当你转发到朋友圈里，它会显示在左边，一张方形小图，这张小图是截取封面图里最中部的方形区域，因此，你可以在这上面下功夫，根据字体、颜色、样式的规范，做好标准版，编辑每次自行更新信息就好。如下图所示。

封面图

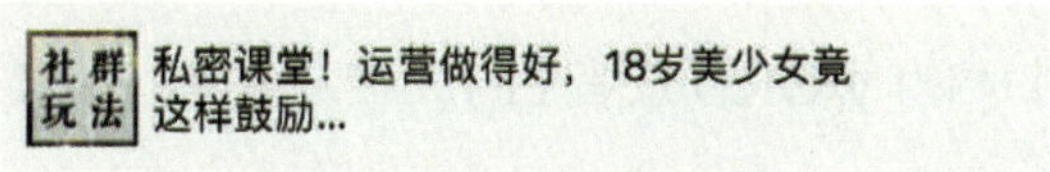

朋友圈场景

封面图设计时特别需要考虑到：信息流中是否足够醒目，原理与头像一样。

编辑在处理内容时需要考虑到：是否足够有悬念，悬念才能触发点击。

第四节　最终呈现：整体方案，排出样稿 PK

经过上面三节，几乎所有自媒体的运营标准、设计标准均已出炉，那么引导者要安排人员——一般是自媒体运营人员，对所有文档进行整理，并将其归档为 WORD 或者 PPT。在结束时，大家打开方案，进行再次 PK。

另外，整体方案还能以样稿的方式展示。

比如 LR，我们排了 4 种样稿，先在运营团队内部选秀，最后拿出 2 个大家都比较满意的样稿，最终 PK。

样稿一：

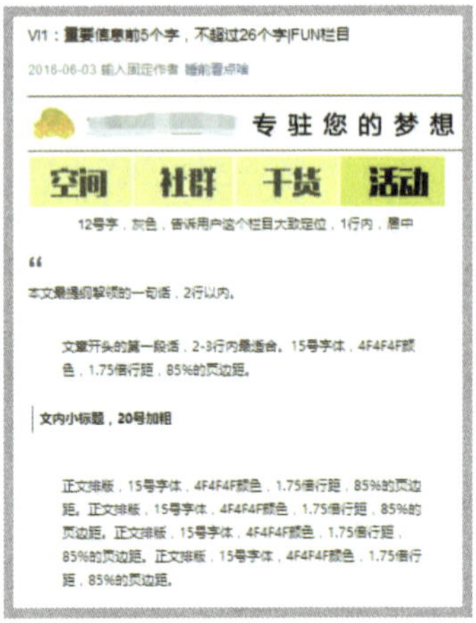

样稿二：

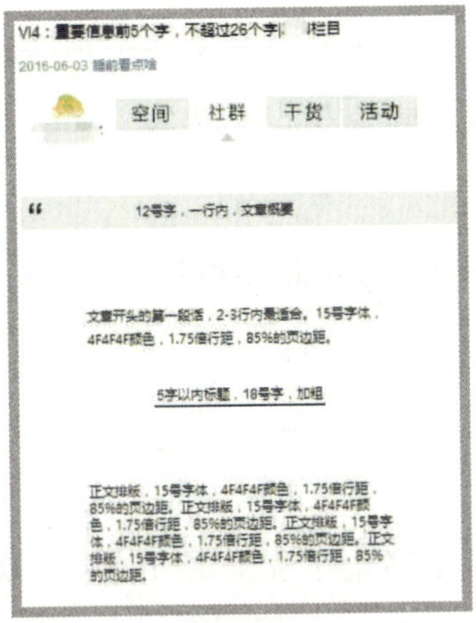

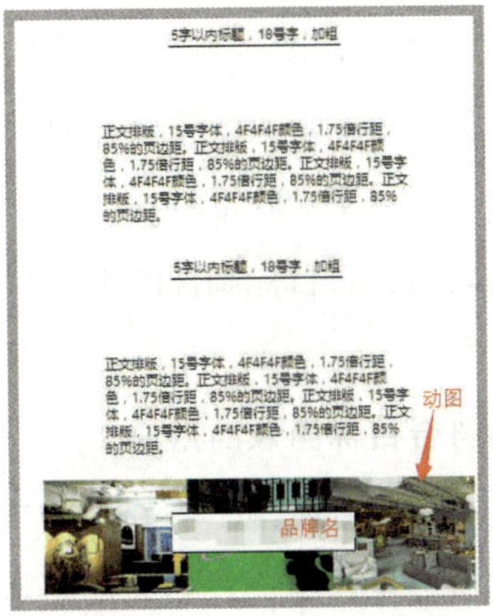

在样稿里，每个位置放的都是规范类的文字信息，例如标题：

《VI1：重要信息前 5 个字，不超过 26 个字 | LR 栏目》

VI1——指的是文章最重要的亮点或者代表人物。如，你常能看到这样的标题《马云：最可怕的颠覆已经到来，再不改变就……》，VI1 即是本样稿为 VI 规范 1，也代表了以后编辑在此处应该放重点。

后面的内容如文字所示，事实是拟标题的规范。

样稿的好处一是能将一切设计规范可视化，二是能快速交换设计规范，就算换了新人，直接将样稿转发给他，立刻能快速上手！

PK：最好举办“选秀会”

避免7天人设冲刺小组“圈地自萌”，强烈建议举办一个小型的选秀会，在第五天的重大决策日，引入外部意见刺激。

可邀请以下“吃瓜群众”：

公司内符合目标画像的用户、行业专家、外部目标用户。

公司内符合目标画像的用户

这类用户可能存在各个部门中，稍微用心就能发现。

在做“星座秘语”的人设冲刺时，我们邀请了3个平时特别喜欢讨论星座的小伙伴，他们恰好处于恋爱前的暧昧期，对星座配对、对方星盘研究极感兴趣。

如果你的公司里，没有自己产品的目标用户也是一件蛮可怕的事情。

这类用户对公司的产品本来就有自己的想法，也许平时没有舞台让他们表达，也许觉得对其他部门的工作指手画脚不好，但是他们的看法十分可贵，因为他们了解公司，也了解产品，更有自己的看法。

在邀请他们参与选秀会之前，要打消他们的心理顾虑，明确告知：这是为了长远地发展，尤其是为了大家配合工作更加顺畅，需要占用他一小部分时间。也请协助他向自己的主管争取时间，让其主管能更好地安排部门内工作，不对现有工作进度造成影响。

最好提前一天约定时间。

行业专家

最好是公司外部人士、行业内的专家。行业内的专家，他对整体自媒体能传达出来的信息，有自己的见解，更能对功能的设计提出看法。

记住，提前一天预约。

外部目标用户

在日常经营中认识的用户，能和我们建立联络的都是天使用户，参与感令他们很愿意来表达看法，邀请 3~4 人来，为他们准备礼物。礼物无须贵重，如果能加上天使用户的认证指环、认证奖杯，他们未来会是传播的中坚力量。

小结：不要把一切都扔给用户决定

在本书中，反复提到了投票、选秀、PK 的办法，但是，这不意味着能把一切决定扔给用户。用户的意见只能是参考而已，话事人才是关键的决策者，他需要用户选择做为判断依据。

当整体设计出来后，最终只能给出 2 套方案，不能太多，免得用户失去感知，无法选择，也能再次避免团队逃避责任，一切扔给用户，反倒无法出产好结果。

练习：根据本章的办法，拟出自身自媒体人设需要的设计方案框架，以思维导图的方式表达。

CHAPTER 6

周六：执行日

经过5天艰苦卓绝的努力，尤其是昨天的冲刺设计，我们的自媒体运营体系基本成型。为了避免拍脑袋决策，今天会是一个简单的执行测试日。经过简单的内容制作，展开分场景测试；同时，我们还可以通过拉红包群、找兄弟公司互推、购买渠道等方式进行分发。

第一节　自媒体也能灰度测试？

假如有一天，你和最好的朋友参加闯关节目，最后一关闯过能拿 50 万奖金。你们面临的考验是：两人分工协作，一个人听歌并用手指来敲出节奏，另一个人来回答。

你是那个听歌的人，听到的歌都是超大众型的，你朋友肯定也会，比如，《最炫民族风》之类，你一边听着耳机里的歌声，一边配合用手指敲节奏，你觉得，你朋友一定能听出来。然而，他不仅完全听不懂，而且觉得你的行为对他完全没有帮助。而你，觉得很困惑：这么火的歌，我也已经敲得很好了啊，为什么他不知道？最后，你们与大奖失之交臂。

这种现象，叫“知识的诅咒”，此概念来源于书籍《让创意更有黏性》：当一个人知道一件事后，他就无法想象，当自己不知道这件事时会有什么反应。

在做自媒体的过程中，我们很容易陷入“知识的诅咒”，你总觉得自己的设计、内容的打造，都是真的从用户角度出发，用户都要能理解。但是，用户就像那个听你打节奏的朋友，他们并无法感同身受。

如何破除“知识的诅咒”？

不断地强制自己转换位面，是在日常运营中的办法之一。还有更有效率的办法吗？

在 7 天人设冲刺完成后，先进行灰度测试，去揣摩用户的真正需求。

灰度测试，或者说灰度发布，是在研发过程中常用的专业名词，指在黑与白之间，能够平滑过渡的一种发布方式，是渐进式发布的过程。它的概念比较复杂，我们只需要了解灰度发布的方式之一——AB test。一部分用户继续用A，一部分用户开始用B，如果用户对B没有什么反对意见，那么逐步扩大范围，把所有用户都迁移到B上面来。灰度发布可以保证整体系统的稳定，在初始灰度的时候就可以发现、调整问题，以保证其影响度。

而在7天人设冲刺的第6天——执行日，我想跟大家说的是，AB test！让一部分用户使用A，一部分用户用B，查看A、B不同的数据反馈，从而决定使用哪个方案。如下图所示。

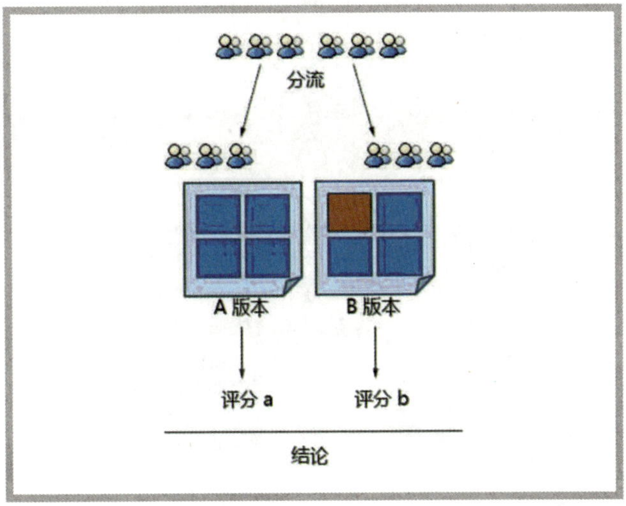

我们需要根据方案，进行简单的内容制作，再通过不同渠道进行投放，从而根据数据情况进行决策。

特别提醒

灰度测试，并不意味着所有决策都拿出来测试，也不意味着所有功能都开放测试。该拍脑袋的部分先拍脑袋，拉长灰度测试的时间，等待阶段性测试结果。比如排版、视觉可在一天内测试，内容框架，需经1个月才能看出端倪。

第二节 简单内容的制作和测试

内容制作其实很简单，根据样稿，按格式把内容填进去。大家需要做的，便是根据心、骨，挑选合适的内容，进行分场景测试。如下图所示。

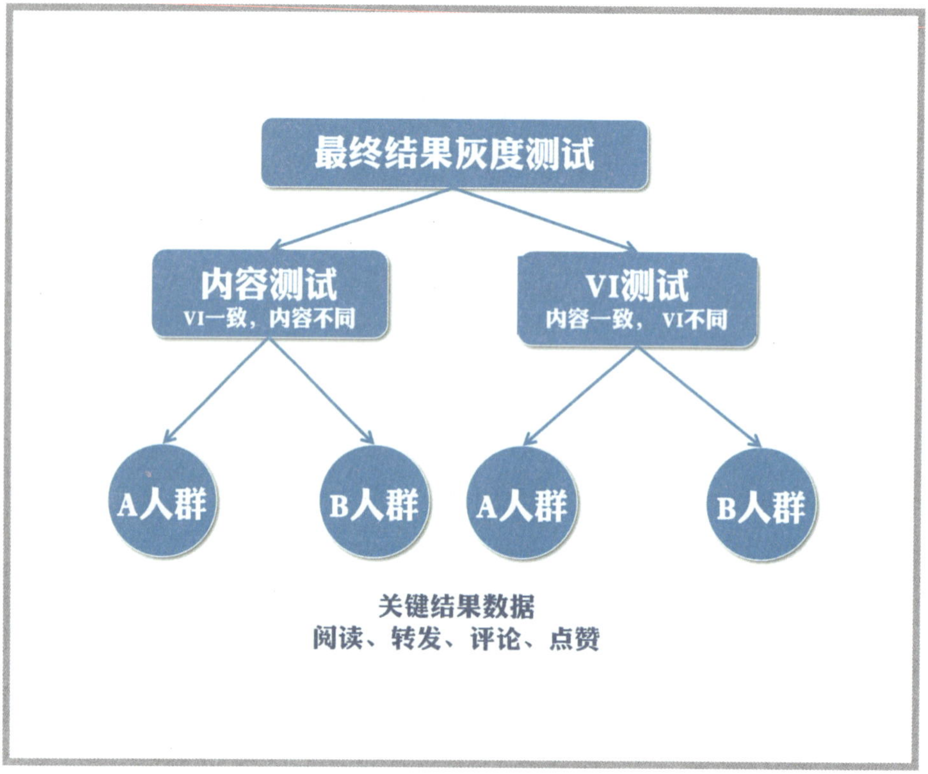

注意事项以及测试顺序

先测试内容，再测试 VI。如果你的内容对用户没有实质用处，再好看的 VI 并不能挽救多少。这和 APP 的研发一样，如果你做的是伪需求产品，再花哨的 UI 并不能拯救。

测试时间安排：

中午 12：00 前后，是各平台打开的活跃期，因此，在上午时，可重点执行内容输入与内容测试，经过一下午的数据反馈，傍晚时进行数据统计，更换 VI，进入 VI 测试，晚上 8：00 是另一个数据高峰期，此时进行 VI 测试投放。

关键结果数据：

阅读、转发、评论（留言）、点赞。

测试内容的重要事项：

VI 一致，排除 VI 的干扰因素。

微博重点看导语、图片上显示的关键字是否刺激用户行为；

微信重点看标题、摘要是否刺激打开率，内容是否刺激用户转发至朋友圈；

头条、快报等平台，重点看标题、简介里包含的关键字是否刺激系统推荐；

其他平台参考以上三个平台的相似度进行考量。

测试 VI 的重要事项：

标题一致，内容一致，排除不同标题、简介的干扰因素。

微博重点看第 5 图、第 9 图，长图文的栏头、栏尾；

微信重点看封面图、头图的选图标准、VI 展示，是否达到设计时的目的；上下 banner 的引导动作，是否达到设计时的目的，后台均有用户行为统计数据可查看；

头条、快报等平台，重点看封面图的设计，是否刺激用户打开；

其他平台参考以上三个平台的相似度进行考量。

互动活动测试：

简单的互动活动，也可以放在今天测试。这个活动最好不要涉及线下，能在线上、自己的自媒体账号上完成即可。如下图所示。

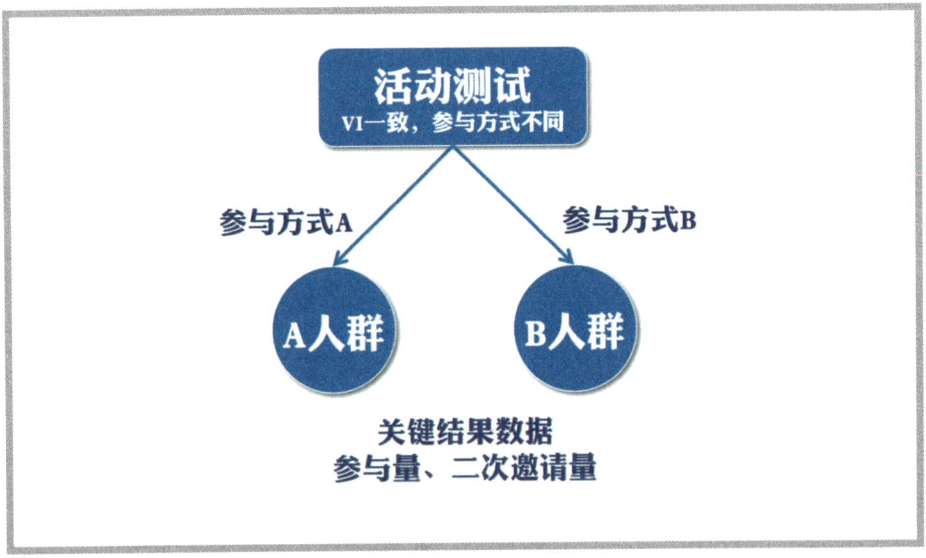

内容投放方式

有人会提出疑问，有些平台一天只能发送一条，比如微信，微信又是比较重要的自媒体平台，那么如何解决内容发送的问题？

敲黑板，重点来了。微信测试时，并不需要进行发布，虽然微信经过功能调整，直接发送链接只能是临时链接，但是可以通过一些技巧，获取正式链接，再将文章转发到目标用户群中，从而开始测试。

获取正式链接的方式：

1. 关键字回复

设定一个关键词，引用素材库中未发布的图文（想要预览的那一篇），添加为回复内容，并且保存。如下图所示。

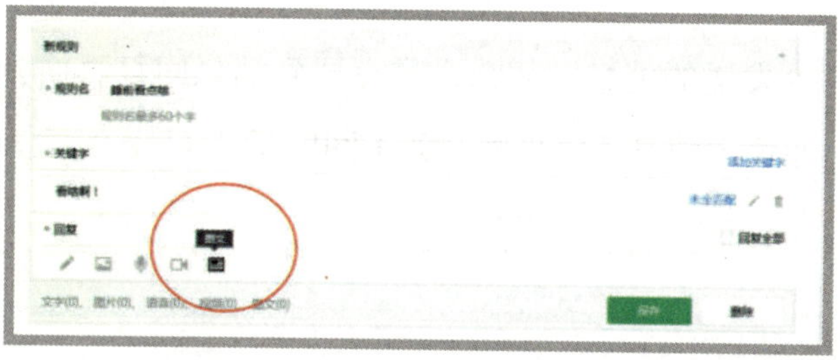

关键字最好设不太常用的，然后编辑自己去公众号回复一下，就会单独获得这一篇预览图文啦，复制一下链接，就可以当作永久的链接用了。

2. 自定义菜单

其实和第一个原理差不多，但隐秘性不够好，适合用来做活动。

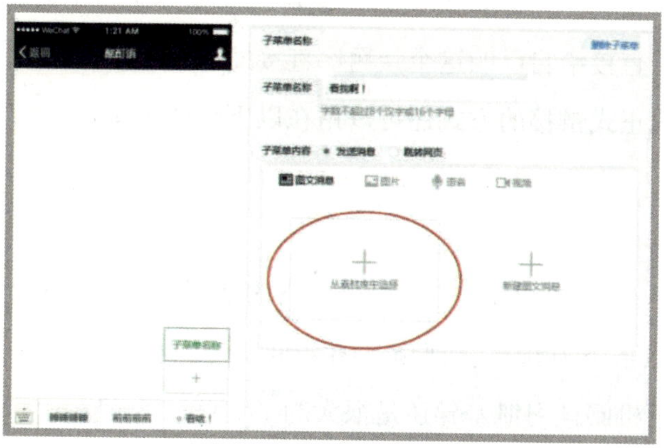

选择一个自定义菜单，设置某个子菜单的跳转模式；从素材库选择，然后选择相应的图文。如上页图所示。

保存之后，从公众号进去，点击相应的菜单按钮，就可以打开这篇预览图文啦！复制链接之后就可以了。

3. 回复消息

用户从后台发送的消息，从公众号点开到消息回复页面，点击用户名字，进入到下面这个消息回复界面，如下图所示。

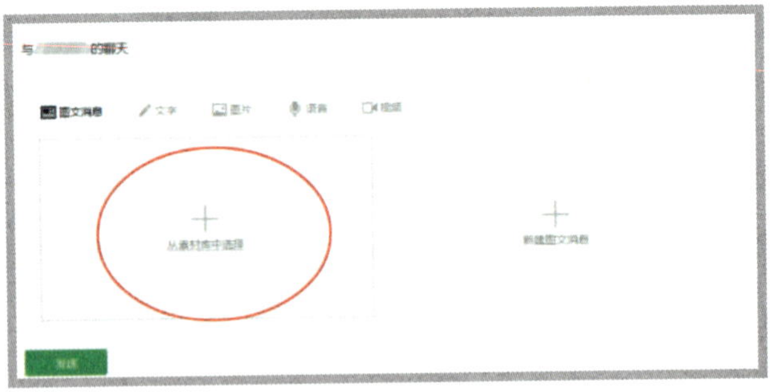

然后点击从素材中选择，就可以直接发送素材图文，然后获得预览图文的永久链接了。这个是最方便的！编辑只需要用手机给后台发个“啊”，就可以从后台直接给自己的这个“啊”直接发送链接了。

这个获取正式链接的方式还可以用在以下 3 个场景：

(1) 内容调试

这个当然是最常用的功能，一个合格的编辑在做完图文之后都应该有的好习惯：点击下方预览，把预览图文页发送到自己的手机上检查一下。毕竟电脑和手机阅读习惯差异还是很大的。

另外，通过这个办法，多准备 1 个版本，还能测试出，到底什么是用户喜欢的。有一些自媒体大号，在平时运营时就会准备 2 个标题，通过分发到用户群的方式测试哪一种内容形式会引爆。

(2) 爆热点

抓热点也是基本功之一，但有时候猛的一下子爆出来的热点新闻，临时编辑一篇发布的话，影响当日排期，不抓就这么让热点错过了，又太可惜。这种时候不妨编辑一篇图文，用预览稿的形式分享到朋友圈和社群里……既测试了传播热度，也可以达到一日多发的效果。

另一方面，预览图文拥有随时可修改的特性，万一热点新闻出现后续的神反转，啪啪打脸就不好了。有了这个秘籍，可以随时从后台把图文内容改掉。

(3) 搞活动

推送的文章是要经过微信审核的。这些年来微信的限制越来越多，从最开始的禁止恶意营销到现在禁止各种引导关注、诱导分享……许多活动根本没法执行，不让粉丝分享出去我搞活动干什么呢？

这时候就可以尝试使用预览图文来做活动跳转，那些擦边的、可能会引起举报的引导都用预览图文的形式实现。

第三节 如何找到目标用户群？

今天大家可能还会碰到一个问题，测试的目标用户群样本是否足够，以下几个办法提供给大家参考。当然，大家如果有更合适的办法，也可以在未来多沟通交流。

办法一：发红包拉群

如果你原来就有用户基础，这个办法适合你。可以通过自媒体提前一天向用户公布消息：最近回馈用户，组建天使用户群，发点小红包，大家也可以在群里交友。

注意：不要在通知里、群里等任何场景下事先说明自己在测试，用户被提醒后，数据结果并不准确。

当群建成后，事先与用户寒暄并发红包，记住，以自媒体的人设来寒暄，有的自媒体还会趁这次机会，运营起一个自媒体人设的个人号。等大家在群里相对熟悉后，推送测试链接，并随时查看数据变化。

推送测试链接要稍微有点间隔，不要同时推送。推送的同时，配一句情绪差不多一致的引导语，千万不要一条写：“强烈建议一定要打开看看。”另一条配一句：“看不看无所谓啦。”

举例是夸张了一些，大家体会意思。

办法二：每个人都背一些指标

如果原来没有用户基础，你可能需要动员公司同事协助，诚恳地请每个人都邀请符合画像的目标用户进群，不需要多，一位同事邀请5人即可。

这个办法要特别注意和同事的沟通，请对方一定要邀请符合目标用户画像的人；第二，不要让大家产生不愉快，以请大家帮忙的方式，尽量不要动用强制的行政命令。

一样要注意，请同事们在话术上注意，不要说是公司在测试，而是说回馈用户。

办法三：找兄弟公司、兄弟团队互推

自媒体团队也好，企业自媒体也罢，平时在行业内，多少都有一些兄弟公司、兄弟团队，此时不用更待何时？

可以麻烦他们帮忙邀请用户进群，或者直接借用他们的渠道。

至于要怎么和兄弟公司、兄弟团队商量，大家八仙过海，各显神通。资源置换可能是个不错的主意。

办法四：购买渠道测试

如果你在一个土豪企业……购买渠道吧！正好能累计一批天使用户。

在购买渠道上，微博是一个上佳选择，因为又便宜又好用。你可以点击那条要测试的微博内容的右上方，选择“推广”按钮，注意，选择“推广给我的粉丝”“指定账号的相似粉丝”2项效率最高。

推广给我的粉丝：基本都是目标用户，否则他也不会关注你了对吗？

指定账号的相似粉丝：选择目标用户可能会关注的账号，也就是竞品账号，他的相似粉丝，多数也是目标用户。如下图所示。

微信渠道投入相对会大一些，购买朋友圈广告，可指定地区、人群特征；购买相似大 V 的推送，也能面对目标用户。由于投入较大，我不是特别推荐这种方式，当然，如果你已经想清楚了自己的这个内容可以导粉，甚至可以为账号或者企业直接带来收益，测算完成本后，投放一下也无妨。

办法五：算法类型 APP 测试

测试内容还有一个很棒的办法，就是在一些靠算法取胜的平台上发布内容，比如，“今日头条”“天天快报”。在这些平台上，内容是否符合目标用户的需求，一下就能体现出来，适合拿来做内容测试。标题的好坏、简介的填写，都直接影响平台的推荐和用户的点击，而且如果平台推荐量上去了，用户点击并不高，平台也会相应快速地减少推荐量。

如果你没有在“今日头条”或“天天快报”上开号，那么可以找兄弟团队借一下，或者直接购买一两个账号进行内容投放，比微信大 V 便宜很多。

小结

今天的重点是灰度测试，通过对人群分为 AB 组，几个办法可以同时进行，但每个办法都必须做 AB 分组，以便在不同平台上得到不同 AB 分组的结果。比如，天使用户群，从自身原有粉丝来的，要导成 2 个群；让同事邀请的，也请分成 2 个群；购买渠道的，尤其是相似账户粉丝的，也要分 2 次购买，不要一次性买入，才能完成 AB 测试的目的。

而要测试的内容包括内容测试、VI 测试，如果有足够的制作时间，还可以进行简单的互动测试。

测试要分顺序、时间，先在中午进行内容测试，再在晚上进行 VI 测试，这是重要性的问题。

短视频自媒体考验团队的制作能力，如果拥有足够的输出力，那么，测试的时长控制在 30 秒内应该就能完成；如果暂时没有足够的输出力，那么将视频的内容用图片上打文字的方式先行实现，减少制作视频的时间，一样能获得有参考性的结果。

今天最大的难点是，按安排今天冲刺小组不需要到公司集合，那么引导者需要在工作群里，适时提醒进度，进行观测。同时，自媒体主编要实时对数据进行刷新和统计，及时做出判断。

练习：根据此前的人设、规划，制作 2 个短小的内容，在自己团队内部进行内测吧！

CHAPTER 7

周日：复盘日

7天人设冲刺终于到了最后一天。今天将对昨天投放的数据进行回收、总结、分析、复盘，从而定下最终的执行方案。

7 天人设冲刺终于到了最后一天。今天将对昨天投放的数据进行回收、总结、分析、复盘，从而定下最终的执行方案。

自媒体主负责人将方案细化成文档，包括：用户画像、用户需求、人设画像、心（满足主权重需求）、骨（内容结构、功能点）、皮（整体 VI 设计、性格展示设计）。

第一节　数据回收：最好有用户评论详情

7 天人设冲刺的时间安排，大家可以再回顾一下。周天下午 14：00，我们要回到公司，进行整体的复盘和分析。

因此，数据回收应该在下午开始前完成。数据回收有一些细节要求，大家根据提示完成。

数据回收时间：

周六 12：00 投放的数据先回收，18：00 后投放的数据后回收，确保曝光的时长一致，避免数据受时间干扰。

列出投放渠道：包括详细的 AB 人群：

回收的数据，必须分清详细的渠道，各渠道需要统计的关键因素有：

AB 人群、投放时间、持续时长；

这样才能做到具象对比。

回收关键数据：

必须要统计的关键数据包括：阅读量、评论量、转发量、增粉数（含来源）、用户进入路径、用户主要态度。

部分截图：

除了具体的数据，还需要将用户反馈意见、用户评论详情相关的内容进行截图，以免错失用户的表情，理解错用户的情绪。

数据归档方式：

EXCEL 表格用来归档是最合适的选择，有一些平台的后台还能导出相关数据，只需要将相应的数据复制进我们设计的表格即可。如下图所示。

数据回收表格（根据实际情况进行增删）												
平台类型	渠道名称	人群分类	投放时间	持续时长	阅读量	评论量	转发量	增粉数（来源）	用户进入路径	用户主要态度	[illegible]	分析
微博	XX渠道	A分类										
		B分类										
微信	XX渠道	A分类										
		B分类										
今日头条	XX渠道	A分类										
		B分类										
群聊	XX渠道	A分类										
		B分类										

群聊这项，根据实际情况，可分为 QQ 群、微信群、微博粉丝群等，目前主要渠道还是在微信群中，面对年轻人的自媒体，同样要考虑 QQ 群。

在不同平台上，可能进行多渠道投放，统计时相应扩容表格。

数据分析结论：

在表格的最后一栏，给大家留了分析的栏位，在统计时，统计人员可适时先加入对数据情况的分析，带着思考会让下午的复盘更快速。

参考执行人选：

7 天人设冲刺中的内容专家们来执行这个数据统计最合适，平时他们就需要对数据进行分析，更加得心应手，也有自己的判断和感知。品牌、市场人员也可以参与统计工作，以便他们能适应转化位面的思维方式。

存在难点：

在数据回收的时候，大家容易碰到的困难是：

第一，在原有渠道上，新改版的内容反倒不一定比原来的内容数据好，对改版的方向产生疑惑。这其实是有原因的，原来的内容由于内部操作(强制员工转发、运营人员主动推荐）等因素，数据量存在“水分”，而测试的新内容，为了让数据干净，这些操作的动作都被停止，此时数据来源基本为内容驱动，会产生下跌。

第二，如果是暂停时间较长的自媒体账号，情况可能比冷启动的账号还不乐观，因为突然发声可能会导致粉丝取关，话事人要做好心理准备，不能因为短时间的反馈就推翻此前的努力。

在 LR 联合办公的改版时，我们就面对了这一情况。在测试内容时，一篇品牌宣传式的文章《LR 服务 | 办公室都美成这样了，人必须颜值爆表!》和一篇符合用户调研需求的文章《LR 课堂丨新版“月入 3000 元的编辑和月入 3w 的运营”，差在哪里?》同期推送后，数据量相差巨大，前者位于头条，因涉及公司品牌，大量员工转发至朋友圈，相对后者多了一半以上的阅读量。如果只看阅读量，话事人一度质疑，用户说的需求是真需求还是伪需求。

我们提供了阅读来源的分析图表。如下图所示。

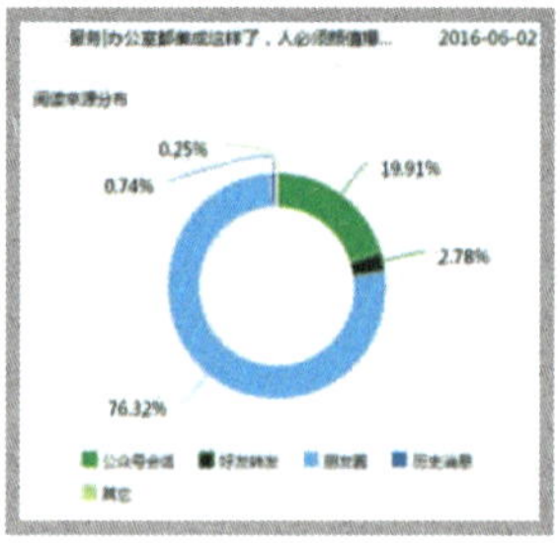

前者

后者

前者为 LR 社区管家介绍图文，其中阅读来源所占比例为朋友圈占 76.32%，公众号会话占 19.91%。

文章内容涉及多名社区管家介绍，利用社区管家的背书及文章内容的吸引力，吸引了多名与社区管家相关的用户转发分享至朋友圈，通过标题的优化，诱使更多用户点击阅读，使 LR 品牌得到了大量的传播。但本次高曝光未能带来相应粉丝增长，收藏量和通过历史消息再次打开的数量低。

后者为干货类型的运营指导课程，其中阅读来源所占比例为公众号会话占 63.45%、历史消息占 7.56%。

通过公众号会话阅读图文比例较大，并且此篇图文收藏人数远大于其他图文，说明目标粉丝对此类内容较感兴趣，由于此篇为运营干货图文首篇，首次推送用户阅读习惯尚未形成。该图文历史消息阅读率远大于其他图文，说明用户对此类信息有较深印象，对通过微信号历史消息进行回顾。

通过这样的分析和对比，大家对数据结果才有了正确的认知。这也是以下我们要提到的复盘工作需要重视的：不要轻易下结论，应该进行更深刻的洞察。

第二节　复盘的几个关键节点

当整体数据统计完毕后，周日的下午，我们继续回到小黑屋，进行整体方案复盘，复盘的关键步骤如下图所示.

一、复盘的内容

1. 现在情况如何？

将整体数据情况列清，由统计人员进行解答。

2. 当初是怎么决定的？

将人设画像、心骨皮的设计一一调出来，落实到内容、VI 上是如何一步一步完成的。

3. 让我们再审视下思考的前提？

将用户画像、用户需求和相关的数据调出来，审视自查。

二、复盘的步骤

1. 回顾目标

回顾 7 天人设的长短期目标，尤其是短期目标。

2. 结果比对

目前的情况是否达到了短期目标的需求：改变自媒体的现状，拥有清晰的运营结构。一般来说，这一短期目标都能实现，但是对数据，我们需要进行更细致的对比：

（1）结果和目标一致，完成情况达到了所设定的目标；

（2）结果超越目标，完成情况比设定的目标还要好；

（3）结果不如目标，完成情况比设定的目标要差；

（4）结果中出现了目标中没有的项目，是在做事的过程中新添加进来的；

（5）目标中有的项目，但是结果中缺没有该项目的完成情况，结果为 0。

是否存在以上 5 点情况？一一对应分析。

3. 叙述过程，使用情景重现法则和关键点法则

情景重现法则：重现当时的行为，特别是当时的信息都有什么、思维方式是什么和情绪（大家为什么会有那个反应）——适合不熟悉复盘时用。

关键点法则：在复盘的过程中，先确定复盘事件的关键点，围绕这点进行重现、思考和推演——适合复习复盘后使用。其中有 2 项推理办法：

正向关键点法：对事件按照时间顺序或事件内容考虑，找关键点；

逆向关键点法：根据以往经验，先确定事件成功的点，再围绕其复盘。

运用关键点法则需要有一定的经验，能把握事件的重要节点、因素。而无论是运用哪一种方法，一定要客观真实，不能对信息和想法加以掩饰。

4. 自我剖析

对自己做过的事情进行反思和分析，看看有哪些问题，有哪些成绩，并试着去找出原因、发现规律，自我剖析要客观、不留情面，找出可控的

和不可控的、半可控的。

(1) 可控的：是否尽量做到了最好？是否至少不低于计划的目标？

(2) 半可控的：是否自己可掌控的部分做好了？是否为别人完成的部分留出了空间？是否为别人完成工作提供了尽可能的帮助？

(3) 不可控的：是否提前跟别人沟通？有没有敦促？有没有随时了解事情进展？是否可能部分参与支持？

经过这样的自我剖析，我们可以对两个方面有基本认识：

第一，自己没有尽力的事情是哪些？

第二，不可控的事情或者不可控部分中，自己出过力的地方是什么？无法着力的地方是什么？

5. 众人设问环节

7 天人设冲刺中，有引导者、话事人、参与人各种角色，而复盘中也需要存在三种角色：引导者、设问人、叙述人。

建议引导者来承担复盘引导者角色，话事人、关键部门负责人承担设问人角色，而叙述人，则由每部分工作的执行人员来担任。

引导者主要是为了保证复盘的顺利进行，避免讨论偏离团队复盘设定的方向；设问人则通过自己的提问，引导大家的思考。

叙述人则叙述所需复盘事件的情况，同时回答设问人提出的问题。设问人和叙述人，并不是完全固定的，有时候可以相互转化。

在讨论过程中，所有人都可以变成设问人。可以用清单法，避免设问过程中的遗漏。

例如以下框架问题：

(1) 现在情况如何

现在做到什么程度？当时定的目标是多少？现在的结果和目标对比处于什么状态？有没有当时没预计到的结果出现？有没有当时预计过但实际

没出现的情况？……

（2）当初是怎么决定的

当初决定的时候，是大家达成共识的吗？有没有听取其他人的意见？有没有让其他人畅所欲言？我们当时是如何确定执行目标的？支撑我们当初设置目标的依据有变化吗？执行过程是怎么样的？是不是完全按照我们的计划执行的？为什么××部门没有参加？为什么××活动没有做？我们做对了什么？我们做错了什么？还可以采取什么新的做法？……

（3）我们再审视下思考的前提

我们面对事情的理解是对的吗？我们的动机是符合事物本身规律的吗？我们有没有想要搞什么公司小集体？成功的关键因素是什么？失败的根源在哪里？

设问的关键原则：牢记非暴力沟通法则。

同时还需要记住：

问问题，而不是给解释；

不停的追问，至少用到5次“为什么”一层一层追问下去；

多用疑问而不是反问，更不能质问；

用问题来引导思考逻辑。

6. 总结规律

这个步骤是复盘最重要的内容。上面所有的步骤和方法，都是为了能够最深入地挖掘到规律。

从现象探究到思维，从思维到逻辑，层层递进。但是在总结规律的时候也要注意到不要陷入到思维误区。我们的大脑系统最喜欢因果关系了，所以常常将相关关系归纳为因果关系。在复盘进行到总结规律的步骤的时候，更要小心谨慎地得出结论。

7. 案例佐证

当得出一定的规律和结论后，使用案例来佐证我们的思考结果。2个关键点：

(1) 选择案例（同行业、同类型）

这也是我们在调研、设计过程中，会观察和思考竞品的好处之一。

(2) 验证得出的规律的适用性、有效性

8. 复盘归档

将整个7天人设冲刺的结果，落定成方案。

时间、地点、参与人员、事件描述、做的好的地方、做得不够的地方。对复盘的过程和结论建立档案，形成有据可查的资料。

自媒体主负责人将运营方案细化成文档，包括：用户画像、用户需求、人设画像、心（满足主权重需求）、骨（内容结构、功能点）、皮（整体VI设计、性格展示设计）。

总结

不完美是一定的，未来要快速迭代

说实话，第一次做 7 天人设冲刺，我们所得到的结论和方案一定是不完美的，尤其是从零开始的团队，或者要在企业内平衡各种关系的自媒体团队。

过程中妥协、被现有的认知蒙蔽、平衡各部门需求、向不安全感低头……都是正常现象。如果团队成员并非全员都特别理解互联网思维，了解用户心理，了解产品推理方式，这些现象会更普遍。

没关系，接纳这些不完美，因为移动互联网变化太快，谁也没办法端出一个完美的方案，即便是大神也不行。

更何况，互联网时代本质上是拒绝一切完美后再上线的，过往“十年磨一剑”式的长期研发，其最终成果推出后，有可能发现花费了大量人力、物力和时间所开发出的产品，并不是客户所需要的。这种巨大的浪费除了会给创业者、企业带来重大的经济损失之外，还会对团队的士气造成巨大打击，不少团队成员会纷纷出走。

现如今互联网极力推崇的“精益创业”，其核心理念就是采用“频繁验证并修改”的策略，确保不会在客户认可之前投入过高的成本。

“7 天人设冲刺”，事实上是精益创业法则在自媒体领域的运用。定期进行“7 天人设冲刺”，如每一个半月进行一次，才能确保自媒体的运营和发展，顺应用户需求。事实上，大量的自媒体团队在每周都会进行简单的数据分析并且迭代，而每月都会抽出一定的时间做完“7 天人设冲刺”的全套动作。

初次接触，会觉得工作繁重，然而次数做多了，各种数据的收集变得十分得心应手，有时候挤挤时间，三四天之内也能做完一次小轮回。

更重要的是，用户画像、大数据等底层的关键因素，并不会时刻进行大改变，除非技术推动令整体用户行为发生大逆转。所以，在定期的小冲刺中，有一些繁重的数据调研工作不需要一而再再而三地重复。

但必须提醒大家的是，半年要做一次大数据分析收集，自媒体发展速度越来越快，半年就会产生重大变化，千万不要沉迷于最初的数据分析和调研，面对不确定性、面对不完美，我们一起拥抱这个最好的时代。

附录

附录一

7天人设冲刺必备工具清单

信息可视化工具：白板、海报纸、大电视 + XMIND

表格工具：EXCEL

整理工具：XMIND

卡片工具：Sticky Note、标签纸

计时工具：智能手机计时器

排版工具：秀米、135排版、新榜排版工具、壹伴插件

测试调察工具：金数据、问卷星

素材工具：微信号“睡前看点啥”内有大量自媒体运营基础教程、进阶教程、图片库、素材库地址

第三方数据分析：企鹅智库、艾瑞分析

附录二

自媒体运营管理者必读书单

（一）入门书单

1.《用户力：需求驱动的产品、运营和商业模式》，郝志中著

推荐指数：★★★★★

从用户需求角度深刻阐释了互联网产品设计、网络运营、商业模式构建的本质与方法论。是一本基础书籍，读懂了用户力，就能明白“7天人设冲刺”中运用的大量分析、推理逻辑。

2.《佐藤可士和的超整理术》，作者：佐藤可士和著，常纯敏译

推荐指数：★★★★★

佐藤可士和是日本著名的艺术指导、营销大师，这本书揭示了很多关于空间、信息和思考的窍门，即看似极端却又恰到好处的“整理”。通过全面罗列、优先分级、提炼强化等步骤，可以将纷乱复杂的事物整理清晰，是自媒体运营人群必修课之一，因为无论是“7天人设冲刺”，还是日常规范后的运营，整理信息、重构信息是最重要的能力。

3.《人人都是产品经理》，苏杰著

推荐指数：★★★★

作者根据自身的经验和体会对用户、需求、项目、团队、战略、修养等几大话题展开深刻的探讨。为初出茅庐的小伙伴提供了丰富的经验。

4.《参与感：小米口碑营销内部手册》，黎万强著

推荐指数：★★★★

从顾客是上帝到顾客是朋友，真正将用户体验摆放到产品设计上来。读懂它，才能在日常运营的过程中，不断与用户玩在一起，让用户为我们起势能。

5.《怪诞行为学》，丹·艾瑞里著，赵德亮、夏蓓洁译

推荐指数：★★★

人是理性的吗？通过本书，你可以了解人们为什么总是做出太多匪夷所思的选择，更深刻地了解用户心理，在自媒体运营过程中做出直觉般地判断。

6.《复盘》，陈中著

推荐指数：★★★★

复盘是围棋中的一种学习方法，指的是在写完一盘棋之后，要重新摆一遍，看看哪里下得好，哪里下得不好，对下得好的和不好的，都要进行分析和推演。

柳传志第一个将复盘引入到做事之中，成为联想三大方法论之一，在联想每一个重大决策的背后，都有复盘的身影。

本书完整系统讲述了复盘的内容，清晰了复盘的价值，给出了复盘的操作步骤，在“7 天人设冲刺”的最后一天，甚至未来不断进行人设迭代时、日常运营时，我们都要能及时用复盘方法论进行优化，让事情更成功。

(二) 进阶书单

1.《认知盈余》，克莱·舍基著，胡咏、哈丽丝译

推荐指数：★★★★★

进阶版的自媒体运营人员必读书目！虽然很晦涩，不好懂，但是这是移动互联网时代一切自媒体的底层逻辑。尤其是后自媒体时代，进入全平台化运营，各大平台的底层逻辑都是人们的认知盈余。其核心观点是：人们的自由时间除了仅仅用于内容消费，还应更多用于内容分享和创造。分享和创造的价值远大于消费。也就是说，在网络时代，即使单纯的个人娱乐行为，也不再仅仅是简单的个人时间资源消耗问题，而是变成了分享和参与特征的互动性社会行为。以利己为出发点，以利他为终点。

2.《精益创业》，埃里克·莱斯著，吴彤译

推荐指数：★★★★★

精益创业来源于互联网行业，是软件开发的一种新模式。但其背后的“客

户验证”思想在大量非 IT 领域得到应用。

整体而言，精益创业适合客户需求变化快，但开发难度不高的领域，比如，软件、电影电视、金融服务等领域。自媒体领域特别需要精益创业的快速验证、快速调整的方法论。其三大法宝：“最小可用品”“客户反馈”“快速迭代”，与“7 天人设冲刺”的执行方法论相互呼应，高阶运营人员必读此书。

3.《非暴力沟通》，马歇尔·卢森堡著，阮胤华译

推荐指数：★★★★

进阶后的你需要管理团队，对上对下进行沟通，各部门之间进行协调，因此，学会非暴力沟通的方式尤其重要，事半功倍。

4.《黑天鹅》，纳西姆·尼古拉斯·塔勒布著，万丹译

推荐指数：★★★

黑天鹅的存在寓意不可预测的重大稀有事件，它在意料之外，却又改变一切。把握住未知的事件才能有效的利用未来。一般人总想在无规则的世界理出秩序与必然；进阶的自媒体运营者，需要察觉未知的信息才能快人一步把握未来。

5.《反脆弱》，纳西姆·尼古拉斯·塔勒布著，雨珂译

推荐指数：★★★★

《黑天鹅》的姐妹篇，讲述的是大量的不确定性，以及如何适应并更好地利用不确定性，最适合移动互联网时代天天面对不确定性的我们，自媒体运营也是一样，行业瞬息万变，你需要这套随时可能出现的黑天鹅事件时的终极自保守则。

6.《影响力》，罗伯特·西奥迪尼著，闾佳译

推荐指数：★★

作为自媒体运营人员，最应该学会的就是如何产生影响力，成为劝说高手。